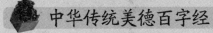

竞·与时竞驰

于永玉 刘盛意◎编

　　一段历史之所以流传千古，是由于它蕴涵着不朽的精神；一段佳话之所以人所共知，是因为它充满了人性的光辉。感悟中华传统美德，获得智慧的启迪和温暖心灵的感动；品味中华美德故事，点燃心灵之光，照亮人生之路。

天津人民出版社

图书在版编目（CIP）数据

竞：与时竞驰 / 于永玉，刘盛意编. —天津：天津
人民出版社，2012.6
（巅峰阅读文库. 中华传统美德百字经）
ISBN 978-7-201-07584-6

Ⅰ. ①竞⋯　Ⅱ. ①于⋯②刘⋯　Ⅲ. ①品德教育—中
国—通俗读物　Ⅳ. ① D648-49

中国版本图书馆 CIP 数据核字 (2012) 第 133053 号

天津人民出版社出版
出版人：刘晓津
（天津市西康路 35 号　邮政编码：300051）
邮购部电话：（022）23332469
网址：http://www.tjrmcbs.com.cn
电子信箱：tjrmcbs@126.com
永清县晔盛亚胶印有限公司印刷　新华书店经销
2012 年 6 月第 1 版　2012 年 6 月第 1 次印刷
690×960 毫米　16 开本　10 印张　字数：100 千字
定价：19.80 元

中国是一个具有悠久历史和灿烂文化的文明古国，也是举世闻名的礼仪之邦。在历史的长河中，中华民族创造出了绚丽多彩的物质文化和精神文化，为人类的发展和进步做出了重要贡献。其中，中华民族的传统美德被大家代代传承。

那么，什么是传统美德？什么是中华民族的传统美德呢？通常来说，传统美德就是在自觉或习俗的道德规范中，一些被大多数人所接受并实际奉行的，而且在现代仍有着积极影响的那些美德。具体到中华民族传统美德，概括起来就是指中华民族优秀的民族品质、优良的民族精神、崇高的民族气节、高尚的民族情感以及良好的民族礼仪等，是中华民族在历史实践过程中积累而成的稳定的社会优秀道德因素，体现在人们生活的方方面面，涉及政治、经济、文化、意识等领域，并通过社会心理结构及其他物化媒介得以代代相传。

前 言

经过长期的历史沉淀，中华传统美德已融入到中华民族的思想意识和行为规范中，成为社会道德文化的遗传基因，成为整个中华民族文化的精神内涵，也是中华五千年文明史的精髓所在。继承和弘扬中华民族传统美德，可以振奋民族精神，增强民族自尊心、自信心、自豪感和凝聚力，使社会主义道德规范具有更丰富的内涵，让社会主义、集体主义、爱国主义思想等更加深入人心，成为社会主义文化的主旋律。同时，还可以更好地协调人际关系，促进社会主义市场经济的健康发展，形成有中国特色的、适应社会发展的价值观和伦理道德规范。

国民的思想道德状况，尤其是青少年的思想道德状况，直接关系着一个国家、一个民族的整体素质，关系着国家前途和民族命运。目前，我国已进入改革发展的新时期新阶段，德育教育的价值和意义更是日渐凸显。大力弘扬中华传统美德，建设社会主义核心价值体系，促进社会主义文化的发展和繁荣，是建设全面小康社会的主要任务，更是实现中华民族伟大复兴的必然要求。因此，党中央非常注重我国公民道德建设，全社会也已形成了加强和改进思想道德建设的新风尚。

青少年是国家的希望，是民族不断发展和延续的根本，因此，青少年德育教育就显得更加重要。为了增强和提升国民素质，尤其是青少年的道德素质，我们特意精心编写了本套丛书——《中华传统美德百字经》。

本套丛书立足当前公民，尤其是青少年思想道德教育的现实，将中华民族的传统美德归纳为一百个字，即学、问、孝、悌、师、教、言、行、中、庸、仁、义、敦、和、谨、慎、勤、俭、恤、济、贞、节、谦、让、宽、容、刚、毅、睦、贤、善、良、通、达、知、理、清、廉、朴、实、志、道、真、立、忠、诚、公、正、友、爱、同、礼、温、信、尊、敬、恭、恕、责、仪、精、专、博、富、明、智、勇、力、安、全、平、顺、敏、思、积、利、健、率、坚、情、养、群、严、慈、创、新、变、革、争、谏、诲、齐、省、克、竞、求、简、洁、强、律。丛书内容丰富、涵盖性强，力图将中华民族传统美德的内涵囊括进去。丛书通过故事、诗文和格言等形式，全面地展示了人类永不磨灭的美德：诚实、孝敬、负责、自律、敬业、勇敢……

竞·与时竞驰

这些故事在中华民族几千年的历史长河中，一直被人们用来警醒世人、提升自己，用做道德上对与错的标准；同时通过结合现代社会发展，又使其展现了中华民族在新时代的新精神、新风貌，从而较全面地展示了中华民族的美德。

在本套丛书中，为了帮助读者更好地理解这些源远流长的传统美德，我们还在每一篇故事后面给出了"故事感悟"，旨在令故事更加结合现代社会，结合我们自身的道德发展，以帮助读者获得更加全面的道德认知，并因此引发读者进一步的思考。同时，为丰富读者的知识面，我们还在故事后面设置了"史海撷英"、"文苑拾萃"等板块，让读者在深受美德教育、提升道德品质的同时，汲取更多的历史文化知识。

这是一套可以打动人心灵的丛书，也是可以丰富我们思想内涵的丛书……《中华传统美德百字经》向我们展示的是一种圣洁的、高尚的生活哲学。无论在任何社会、任何时代，给予人类基本力量的美德从来不曾变化。著名的美国政治家乔治·德里说："使美国强大的不是强权与实力，而是上帝赐予的美德。假如我们丢失了最根本且有用的美德，导弹和美元也不能使我们摆脱被毁灭的命运。"在今天，我们可能比任何时候都更应关心道德问题，尤其是青少年的道德问题，因为今天我们正逐渐面临从未有过的道德危机和挑战。

人生的美德与智慧就像散落的沙子，我们哪怕每天只收集一粒，终有一天能积沙成塔，收获一个光辉灿烂的明天。《中华传统美德百字经》中的美德故事将直指我们的内心，指向人性中善良的一面，唤起我们内心深处的道德感。因此，中华民

族的传统美德也一定会在我们的倡导和发扬之下，世世传承，代代延续！

全套丛书分类编排，内容详尽、文字优美、风格独具，是公民，尤其是青少年思想道德建设的优秀读物。愿这些恒久流传的美文和故事能抚平我们每个人驿动的心，愿这些优秀的美德种子能在青少年身上扎根、发芽、生长……

竞·与时竞驰

　　时间是最平凡的，也是最珍贵的，金钱买不到它，地位留不住它。时间是构成一个人生命的过程，每个人的生命是有限的，同样，属于一个人的时间也是有限的，它一分一秒，稍纵即逝。

　　古往今来，有不少人惋惜时间易逝，于是感叹时间之快，"人生行乐需及时""黄河之水天上来，奔流到海不复回"。的确，时间的流速令人难以估测，无法形容。那么，一个人怎样才能在有生之年生活得更有意义，做出应有的贡献呢？那就应该珍惜属于自己的短暂时间。古人有诗云："三更灯火五更鸡，正是男儿读书时。黑发不知勤学早，白首方悔读书迟。""少壮不努力，老大徒伤悲。"这些诗句都是告诫人们：人生有限，必须惜时如金，切莫把宝贵的光阴虚掷，而要趁青春有为之时多学知识，多做事业。

　　一个人珍惜时间，就是爱护自己的生命。自古以来，大凡取得成就的人，没有一位不是珍惜时间的。大发明家爱迪生，平均三天就有一项发明，单是寻找用什么材料来做电灯丝就做了一千多次实验，正是抓住了分分秒秒的时间进行了仔细地研究，才使他最终功成名就。伟大的文学家鲁迅先生有句格言："哪里有天才，我是把别人喝咖啡的工夫都用在工作上。"他为我们留下了六百多万字的精神财富，正是他把别人喝咖啡的时间都用在了写作上的缘故。数学家陈景润，夜以继日，潜心于研究数学难题——哥德巴赫猜想，光是演算的草稿就有几麻袋，终于证明了这道难题，摘下了数学皇冠上的明珠。世界无产阶级革命导师马克思，临去世前还争分夺秒地写《资本论》。这些事例都生动地说明：一个人要想在有生之年多做贡献，就必须爱惜时间。

　　中国古代也有许多珍惜时间的故事，像"头悬梁"、"锥刺股"、"囊萤映雪"、"凿壁偷光"等等，都是古人抓紧时间发奋苦读的典范。古人在艰苦的条件下都能抓紧时间，努力苦读，我们今天坐在宽敞明亮的教室里，晚上还有明亮的电灯，条件比古人好多了，可我们又有几个人珍惜这宝贵的时光呢？现在我们中总还有少数人，不能汲取前人惜时的经验，对时间很不珍惜，庸庸碌碌，无所作为；他们把今天所要干的事放在明天去干，蹉跎岁月，却不为虚度年华而悔恨，也不为碌碌无为而羞耻；他们或引诱他人，到处"流浪"，浪费别人的时间，更没想到"耽误别人的时间等于谋财害命"的道理。

人生百年，几多春秋。向前看，仿佛时间悠悠无边；猛回首，方知生命挥手即逝。

我们需时刻谨记，抓住了今天，就是抓住了掌握知识的契机；抓住了今天，就是抓住了发明创造的良机。聪明、勤奋、有志的人，深深懂得时间就是生命，甚至比生命还珍贵。他们决不把今天宝贵的时光虚掷给明天。"人生天地之间，若白驹过隙"、"不贵尺璧，当惜寸阴"、"天地转，光阴迫"、"一万年太久，只争朝夕"。让我们珍惜时间吧，用宝贵的时间去创造美好的人生，从我做起！

目录

第三篇　困境中惜时苦读

第一篇

惜时如金

不舍昼夜

◎我以为世间最可贵的就是"今"，最易丧失的也是"今"。
因为它最容易丧失，所以更觉得它宝贵。——李大钊

> 孔子（公元前551—前479年），名丘，字仲尼。春秋时期鲁国人。孔子是我国古代伟大的思想家和教育家，儒家学派创始人，世界最著名的文化名人之一，编撰了我国第一部编年体史书《春秋》。据有关记载，孔子出生于鲁国陬邑昌平乡（今山东省曲阜市东南的南辛镇鲁源村）；孔子逝世时，享年73岁，葬于曲阜城北泗水之上，即今日孔林所在地。孔子的言行思想主要载于语录体散文集《论语》及先秦和秦汉保存下来的《史记·孔子世家》。

孔子到了晚年，常和他的学生们在一起。

有一天，他和学生们一道去散步，走到河边，望着奔腾不息的河水默默不语。学生们不知他在想什么，就没有去打扰他。他望了很久，最后叹了一口气道："逝者如斯夫！不舍昼夜。"（意思是：光阴一去不复返啊，或许它就像这河水一样，昼夜不停地奔流吧。）

学生们听了孔子的感叹，领会到了孔子这句话的言外之意，于是，他们立刻向孔子表示："老师，我们一定好好学习，珍惜时光，决不辜负您的期望。"

孔子听了深有所感地说："应该珍惜时光，认真学习啊！"

◎故事感悟

是啊，逝者如斯夫，时间像流水一样不停地流逝，人生世事变换之快，我们怎么能不珍惜时间呢！

◎史海撷英

长幼之乱

历史上，鲁国有过几次废长立幼、杀嫡立庶的事件，始作俑者，或者可以追溯到周宣王。

鲁真公薨，其弟敖立，是为武公。武公有长子括、少子戏。

武公九年，武公带着两个儿子，西去朝拜周宣王。宣王很喜欢戏，于是做了件荒唐事，他要立戏为鲁国的太子。王的卿大夫樊仲山父就说："这个废长立幼，不合规矩。不合规矩而您一定要做的话，日后鲁国一定会违背您的旨意。违背了您的旨意，那就是要讨伐的。不讨伐的话那对您的威信有损。要真发展到那个地步，对大家都不好。您看，是不是别下这个命令呢？"

周宣王很不满：现在谁是天子啊？他不顾重臣意见，下命令立戏为鲁国太子，日后当鲁国的国君。鲁武公有点郁郁不乐，回到鲁国后就死掉了。于是太子戏立，是为鲁懿公。

果然，后来懿公被他哥哥括的儿子伯御杀了。伯御安安稳稳地做了11年鲁国国君，最后被周宣王发兵给伐灭了。

周宣王把伯御诛杀后，立懿公戏的弟弟称，是为鲁孝公。从那时起，周天子的威信日益下降，而诸侯国弑其君的事情时有发生。

◎文苑拾萃

孔子名言

无欲速，无见小利。欲速，则不达；见小利，则大事不成。

执德不弘，信道不笃，焉能为有，焉能为亡。

与朋友交，言而有信。

以文会友，以友辅仁。

益者三友，损者三友。友直，友谅，友多闻，益矣。友便辟，友善柔，友便佞，损矣。

君子欲讷于言而敏于行。

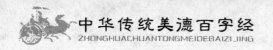

君子食无求饱，居无求安，敏于事而慎于言，就有道而正焉，可谓好学也已。

巧言乱德。

巧言令色，鲜矣仁。

刚、毅、木、讷近仁。

有德者必有言，有言者不必有德。

听其言而观其行。

听其言而信其行，

君子不以言举人，不以人废言。

古者言之不出，耻躬不逮也。

君子名之必可言也，言之必可行也，君子于其言，无所苟而已矣。

可与言而不与之言，失人；不可与言而与之言，失言。知者不失人，亦不失言。

言未及之而言谓之躁，言及之而不言谓之隐，未见颜色而言谓之瞽。

岁不我与的故事

◎年华一去不复返，事业放弃再难成。——白朗宁

季氏几代都执掌着鲁国的政权。季氏有个家臣名叫阳货，他掌握大权之后，就想利用孔子做他的助手，以稳定政局。为此，他要孔子去拜会他，但是孔子不愿意去。于是他便想了一个方法，即趁孔子不在家的时候，送了个蒸熟的小猪去，这样一来，孔子不得不去道谢。

孔子不愿见到阳货，也想了一个方法，即打听到阳货不在家的时候再去拜谢他，没想到孔子在去的路上碰见了阳货。

阳货叫住孔子道："来，我给你说。"

孔子无可奈何，只得走过去。

阳货以奉承又带责备的口吻说："国家混乱不堪，你有一身本领，对国事却不闻不问，这难道叫仁爱么？"

孔子听后，一言不发。阳货接着又说："一个人喜欢做官，却又屡次错过机会，这叫做聪明么？"

孔子仍然一言不发。

阳货无可奈何，只好自言自语地说："不可……日月逝矣，岁不我与。"

孔子说："好吧，我答应你，去做官了。"

◎故事感悟

"日月逝矣，岁不我与"的意思是：不行，光阴一去不复返啊！时光也不会等

待我。虽然孔子不是很喜欢阳货这个人，但阳货说的这句话确实对他有些启示的，当然，对我们也是很有启发的。

◎史海撷英

子贡与孔子

孔子有一个弟子叫子贡，是孔子弟子中很有名的一个。孔子和他的弟子们都是鲁国人，就是现在的山东人。战乱纷飞的当时，一个国家俘虏了别国的士兵就在他们脸上刺字，把他们变成奴隶使用。鲁国有很多战俘在别国当奴隶。鲁国政府为了解救这些奴隶就出台了一个优惠政策，如果人们将鲁国籍的奴隶赎回的话，不但可以到政府报销赎金，还可以领赏。但是，子贡在齐国赎回了很多奴隶，既不去报销，也不去领赏，赢得了人们的称赞。然而孔子却很生气地告诉他，你这个举动将鲁国的俘虏们害苦了，以后怎么有人敢赎他们呢。

子贡很吃惊，孔子说，你是富有阶层，能有大批的钱赎奴隶不要报酬，但是大部分的鲁国人没有这些钱。如果他们以后赎回奴隶后去报销领赏的时候，人们肯定会拿你作比较而瞧不起他；但是如果不去报销领赏的话，经济上又负担不起。子贡醒悟后马上去报销领赏了。

◎文苑拾萃

和谒孔子庙

（唐）刘斌

性与虽天纵，主世乃无由。

何言泰山毁，空惊逝水流。

及门思往烈，入室想前修。

寂寞荒阶暮，摧残古木秋。

遗风暧如此，聊以慰蒸求。

董遇合理利用时间

◎不爱尺璧而重爱寸阴，时难遭而易失也。——诸葛亮

　　董遇（生卒年不详），字季直，弘农人。建安初举孝廉，稍迁黄门侍郎，后转冗散。黄初中出为郡守。明帝时历侍中大司农。有《周易注》10卷，《春秋左氏传章句》30卷，《老子训注》2卷。

　　董遇为人朴实敦厚，从小喜欢学习。汉献帝兴平年间，关中李榷等人作乱，董遇和他哥哥便投朋友段煨处。董遇和他哥哥入山打柴，背回来卖几个钱维持生活。每次去打柴董遇总是带着书本，一有空闲，就拿出来诵读。他哥哥讥笑他，但他还是照样读他的书。

　　董遇对《老子》很有研究，给它作了注释；对《春秋左氏传》也下过很深的工夫，根据研究心得，写成《朱墨别异》。附近的读书人请他讲学，他不肯教，却对人家说："读书百遍，其义自见。"

　　请教的人说："您说的有道理，只是苦于没有时间。"

　　董遇说："应当用'三余'时间。"

　　有人问："'三余'是什么？"

　　董遇说："三余就是三种空闲时间。冬天，没有多少农活，这是一年里的空闲时间；夜间，不便下地劳动，这是一天里的空闲时间；雨天，不好出门干活，也是一种空闲时间。"

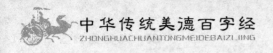

◎故事感悟

能够充分利用空余时间去充实自己，难怪董遇能有那么好的才学了！

◎史海撷英

刘协不甘做傀儡

汉献帝建安五年（200年），刘协不满曹操大权独揽，不甘心作为傀儡，乃暗下衣带诏，令董贵人的父亲车骑将军董承设法诛杀曹操。董承遂与左将军刘备、长水校尉种辑、将军吴子兰、王子服等一起密谋，结果事情败露，董承等人都被曹操诛杀，怀孕的董贵人也被绞杀。伏皇后畏惧曹操，于是写信给她的父亲伏完，尽数曹操残暴不仁之事，希望伏完能够效仿董承，铲除权臣，但伏完始终未敢行动。

建安十九年（214年），伏皇后要求其父伏完诛杀曹操的密谋败露，曹操要挟献帝废黜伏皇后，并代献帝写好了废黜伏皇后的诏书，接着，派御史大夫郗虑拿着诏书，同尚书令华歆一起带兵包围皇宫搜捕皇后。伏皇后藏到宫中的夹墙里，被华歆拖出。伏皇后披头散发赤脚走出，向献帝哭诉求救。刘协无奈地说："朕也不知自己的生命何时终了了呢！"说完，他又回过头来对郗虑说："郗公！天下有这种道理吗？"伏皇后被幽闭而死，刘协与她所生的两位皇子被曹操派人以毒酒毒杀，伏氏宗族百余人被处死。建安二十年（215年），曹操威逼刘协立其女为皇后。

张华惜时苦读

◎一年之计在于春，一日之计在于晨。——萧绎

> 张华（232—300年），字茂先。范阳方城人（今北京大兴区）。西晋文学家、政治家。西汉留侯张良十六世孙。父亲张平，曹魏时任渔阳太守。张华幼年丧父，亲自牧羊，家贫勤学，"学业优博，图纬方伎之书，莫不详览"。曹魏末期，因愤世嫉俗而作《鹪鹩赋》，通过对鸟禽的褒贬，抒发自己的政治观点。阮籍感叹说："王佐之才也！"由是声名始著。后在范阳太守鲜于嗣推荐下任太常博士，又迁佐著作郎、长史兼中书郎等职。西晋取代曹魏后，又迁黄门侍郎，吴平，封广武县侯。官至司空，封壮武郡公。

　　三国时期，张华在很小的时候父亲就去世了。这让他们本来就艰难的生活更是雪上加霜，一家人的生活陷入极度的贫困之中。

　　从小懂事的张华只好拿起羊鞭，以放牧羊群来度日谋生。虽说生活清苦，但张华生性好学，学而不倦。

　　他博览群书，对于图纬方伎方面的书籍阅读得更是十分精细。他对各类书籍无不涉猎，正是由于他的刻苦勤奋，使得他学识广博，工于文辞，辞藻温丽，见识宽广且又通达事理。由于苦难经历，张华从小为人就很谨慎、稳健，即便仓促遇事，他仍然会很有礼貌风度。

　　人生旅途的艰辛，使他极富有同情心，使他能见义勇为，济人之所急，胸怀宽广，善解人意。当时人们对他的城府不十分了解，但张华的才能越来越赢得乡人的赞赏和器重。

乡人刘放十分欣赏张华的才干，主动把自己的女儿嫁给他。可是，在外界张华还不是非常有名气，他著了《鹪鹩赋》，以此寄托自己的情怀，一举成名。

当时著名的学者阮籍读了他的这部作品后，情不自禁地说道："这是王佐之才！"从此，他的声名更加显著。

当时正值曹魏后期，张华所在郡守鲜于嗣推荐他当魏国的太常博士。曾十分欣赏他的同郡人卢铃向执掌朝政的司马昭作了介绍，于是张华就当上了河南尹丞。但他还没有到职，又被任命为佐著作郎。时隔不久，他又调任长史，兼中书郎。在担任中书郎期间，经常草拟朝议表奏。他所起草的文件大多能够为朝廷采用，因此，张华在魏朝为官时就显示出了卓越的才干。

◎故事感悟

张华的卓越成绩是和他珍惜时间刻苦学习分不开的，所以，我们要想取得好成绩，也要珍惜自己的时间去学习、充电，提高自己的文化和思想素质。

◎史海撷英

固劝伐吴

咸宁元年（275年）时，蜀已灭12年，晋代魏也已10年，此时，"大晋兵众，多于前世；资储器械，盛于往时"。相反，东吴则因暴君孙皓"昵近小人，刑罚妄加。大臣名将，无所亲信"而"人人忧恐，各不自保"。征南大将军羊祜曾上疏晋武帝，要求伐吴，但众臣"苦谏不可"。咸宁四年（278年），羊祜病故，并在临终前推荐杜预接替自己。次年，益州刺史王浚上疏主张伐吴，又遭到众臣反对，认为"西有昆夷之患，北有幽并之戎。天下劳扰，五谷不登，兴军议讨，惧非其时"。于是张华固劝伐吴，说："陛下圣明神武，朝野清晏，国富兵强，号令如一。吴主荒淫骄虐，诛杀贤能，当今讨之，可不劳而定。"他一席话消除了武帝的顾虑，终于作出了最后决定。

太康元年（280年）春，伐吴开始，但一度"众军既进，而未有克获"，时有中书监荀勖上疏腰斩张华以谢天下，但张华"独坚执，以为必克"。灭吴后，武帝下诏令奖赏张华："尚书、关内侯张华，前与故太傅羊祜共创大计，遂典掌军事，部分诸方，算定权略，运筹决胜，有谋谟之勋。其晋封为广武县侯，增邑万户，封子一人为亭侯，千五百户，赐绢万匹。"

◎文苑拾萃

情诗五首（其一）

（魏晋）张华

北方有佳人，端坐鼓鸣琴。

终晨抚管弦，日夕不成音。

忧来结不解，我思存所钦。

君子寻时役，幽妾怀苦心。

初为三载别，于今久滞淫。

昔耶生户牖，庭内自成阴。

翔鸟鸣翠偶，草虫相和吟。

心悲易感激，俯仰泪流衿。

愿托晨风翼，束带侍衣衾。

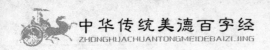
陶侃惜时节用

◎万事须已运，他得非我贤。青春须早为，岂能长少
年。——孟郊

陶侃（259—334年），字士行（或作士衡）。本为鄱阳（今江西鄱阳）人，后徙庐江
浔阳（今江西九江西）。中国东晋时期名将，大司马。初为县吏，渐至郡守。永嘉五年
（311年），任武昌太守。建兴元年（313年），任荆州刺史。后任荆江二州刺史，都督八
州诸军事。他精勤吏职，不喜饮酒、赌博，为人称道。是我国晋代著名诗人陶渊明的
曾祖父。

陶侃是颇具传奇色彩的人物，他出身贫寒，在西晋风云变幻中，冲破门
阀政治为寒门入仕设置的重重障碍，当上东晋炙手可热的荆州刺史，还颇有
政绩。陶侃是个饱受争议的人物。

小时候，陶侃家里很贫寒，他非常珍惜时间，勤奋刻苦读书，以致他在
以后的仕途生涯中也一直保持着这样良好的秉性，勤劳处理政务，惜时如命。

东晋明帝太宁三年（325年）五月，朝廷任命广州刺史陶侃为荆州刺史。

陶侃到任后，非常珍惜时间，他常对僚属说："大禹那样的圣人，都能珍
惜每一寸光阴，我们平庸之辈，就更要珍惜每一分光阴了。人活着应该有所
作为，怎么能自暴自弃呢？"

陶侃在任职期间，对各类公文书函都及时处理答复，从无积压、拖拉和
推诿的现象。人们来这里办事都很麻利，从没有久候不决的事。因奸臣王敦
忌恨，陶侃降调广州，逆境中他不堪沉沦，闲暇时搬动砖块，借以磨炼自己
的意志，防止懒惰习性的滋生。

陶侃从不饮酒，厌恶赌博。他的僚属经堂因谈论趣事而贻误了战机，平时还有很多浪费时间的不良嗜好。有一次，他的几个最亲近的部属因酗酒赌博而耽误了公事，陶公十分恼火，将他们叫到跟前，命令他们将酒器赌具投入长江之中，并按照军法处置：一边打板子，一边数落道："赌博是一种最卑劣的行为，一个正派而有道德的人，怎么能做这种取财无道，非礼非义的事呢？你们喝酒赌博耗费了多少时间？利用这些时间你们能处理多少公务？你们就不能像禹一样珍惜时光做好自己的事情啊？"

僚属听了他的训斥都低头不语，羞愧得无地自容。

一天，陶侃外出巡视，路上看到一个人手里拿着一把未成熟的稻子。陶侃叫住这个人，问他拿稻子干什么。那个人回答说："我路过一片稻田，随手摘了一把拿着玩。"陶侃大怒，斥责他说："你不是种田人，就可以毁坏别人的庄稼吗？"说罢，他马上让侍从狠狠责打这个人。百姓们得知此事，更加拥戴陶侃。

陶侃派人打造船只，他把锯下来的木屑和竹头都收集起来，并派专人保管。他的僚属都不解其意。元旦那天，僚属们在州府聚会。雪后初晴，州府门外的道路泥泞难行。陶侃让人把木屑拿出来铺在路上，人走在上面又干爽又舒服。东晋穆帝永和二年（346年）十一月，大将军桓温率兵攻蜀，急需竹钉打造船只。陶侃把库存的竹头拿出来，使桓温解了燃眉之急。

◎故事感悟

陶侃以先人为榜样，珍惜时光。他居安思危，教育部下要珍惜光阴，同时以身作则，处理公务从不拖拉、推诿；并且勤俭节约，珍时惜物，清廉爱民。这种优良秉性值得后人学习！

◎史海撷英

陶母待客

陶侃的母亲湛氏，当初是嫁给陶侃的父亲陶丹做小老婆的。陶家非常贫苦。

有一天，雪下得很大，鄱阳地方的孝廉范逵到陶家过夜。陶侃的母亲就把自己床上新做的草荐拿出来割断了做草料，亲自去喂客人的马；又暗地里剪下自己的头发，把头发拿去卖了钱，换取酒菜。范逵得知这回事，叹口气说："若不是有这样的母亲，哪里生得出像陶侃这样的儿子来呢！"

范逵既赞赏陶侃的才智和口才，又对他的盛情款待深感愧谢。第二天早晨，范逵告辞，陶侃送了一程又一程，快要送到百里左右，范逵说："路已经走得很远了，您该回去了。"陶侃还是不肯回去。范逵说："你该回去了。我到了京都洛阳，一定给你美言一番。"陶侃这才回去。范逵到了洛阳，就在羊晫、顾荣等人面前称赞陶侃，使他广泛地得到了好名声。

◎文苑拾萃

陶侃故居

晋都陶侃故居叫陶公山，位于湖南省湘潭市市区石嘴垴。陶侃曾在山上建有小茅屋，并在周围开荒种菜。茅屋的前左侧有块洼地，积雨水而成池，是陶侃饮用吸水的地方。因常有猫儿在池边捕捉小鱼，故名"猫儿池"。茅房后面的小山沟上有石砌小桥，后人称为"陶公桥"，后被毁。陶公山临湘江一面都是红砂石岩，石峰隆地向湘江伸展，宛如壶嘴，故名"壶山"，俗称"石嘴瑙"，从远处眺望伸向湘江的石嘴上颌，形态壮丽，好像怒吼的雄狮，俗称"狮子口"。

石山嘴上有株碧梧，梧桐树后面便是陶侃的衣冠墓和墓房前的小花园。陶侃的衣冠墓建于元初，因"国难思良将"的原因吧！葬墓建造虽然简陋，却很威严，从江边沿石级而上，靠左围墙有双合墓庐门，门框上嵌有石匾，上刻"陶公墓室"四字。进门右道一排三间青瓦平房，是守墓人的住所。墓前石栏杆，栏杆左右有石柱，上刻"媲衡山千秋不朽，偕湘水万古流芳"的对联。石栏杆前有石香炉、石方桌和"鼓型"石凳。墓前的小花园也很别致，除常绿灌木外，还按季节栽有多种蔬菜，借以悼念陶侃。由于战乱，部分古迹已毁。但陶侃的衣冠墓保存完好，墓碑上所刻的"晋都督陶桓公墓"七个大字，清晰可见。

李贺的惜时诗

◎人的一生是短暂的，但如果卑劣地度过这短暂的一生，就太长了。——格言

> 李贺（790—816年），唐代著名诗人。字长吉，世称李长吉、鬼才、诗鬼等，与李白、李商隐三人并称唐代"三李"。祖籍陇西，生于福昌县昌谷（今河南洛阳宜阳县）。一生愁苦多病，仅做过三年从九品微官奉礼郎，因病27岁卒。李贺是中唐浪漫主义诗人的代表，又是中唐到晚唐诗风转变期的重要人物，代表作有《高轩过》、《雁门太守行》、《罗浮山人与葛篇》等。

李贺是唐代著名的诗人，世称鬼才、诗鬼，与李白、李商隐并称唐代"三李"。李贺一生坎坷，少年时即有诗名，18岁至洛阳为韩愈所爱重，但在考取功名上因避父讳不能考进士而仕途受到阻碍。李贺仕途黯淡，只做过低微的官职，一生都身沉下僚，陷在极度抑郁与愤懑当中，年仅27岁就悲愤抑郁而死。他的一生是短暂的，但在唐代群星璀璨的诗歌王国里，李贺是一颗划过长空的耀眼的流星，也是韩愈诗派中最有创造性的年轻诗人。

李贺是一位遭遇不幸的天才诗人，但他懂得珍惜有限的生命。小时候，他就很有抱负，吟诗明志："少年心事当拿云。"（《致酒行》）他酷爱读书，勤于写作，非常珍惜时间，就连出门骑在驴上的时候，也不会浪费时间。母亲看到他这样拼命，就十分疼爱地责备他："你一定要把心血呕出来才罢休吗？"

当时，一些贵族纨绔子弟整日里金鞍肥马，花天酒地，绫罗香衫，招摇过市。年轻的李贺非常看不惯，写了一首《嘲少年》的诗，殷切劝诫他们自爱惜时，诗中写道：

少年安得长少年，海波尚变为桑田。

荣枯递转急如箭，天公岂肯于公偏。

莫道韶华镇长在，发白面皱专相待。

诗人规劝那些少年们不要虚度光阴。他指出："少年安得长少年，海波尚变为桑田。"岁月陡转，光阴似箭，时间老人对每个人都是公正的。不要说美妙的青春年华是永驻的，生命的年轮不是没有止境的，发白面皱也非遥远的事情。

李贺惜时如金，醉心创作，虽然他的一生很短暂，但他给后世留了200多首诗作，都是呕心沥血的艺术结晶。他的诗作有值得后世学习和研究的无穷魅力，对后世的影响及其深远。诗人用自己的独特创造实现着生命的价值，终于在诗歌的王国中获得了永生。

◎故事感悟

生命不应以时间的长短来计量，而应以生命轨迹上留下的痕迹来考量。李贺的一生是短暂的，但他惜时如金，在有限的生命里艰苦创作，给后世留下了大量相当有审美价值的诗歌，对后世影响深远。

◎史海撷英

鬼才李贺

李贺，字长吉，是唐代中期一个独具特色的浪漫主义诗人，有240多首诗歌传于后世，在唐代诗歌史上卓然绝立，被后人称为"鬼才"。宋朝著名诗人宋祁曾将大诗人李白和李贺作比较说："太白仙才，长吉鬼才。"也有人说："李白为天才绝，白居易为人才绝，李贺为鬼才绝。"那么为什么李贺被称为"鬼才"呢？这主要是从李贺的诗风上作出的评价，因为李贺写的诗的特色很怪，充满"鬼气"，所以就被称为鬼才。

◎文苑拾萃

苏小小墓

（唐）李贺

幽兰露，如啼眼。

无物结同心，烟花不堪剪。

草如茵，松如盖，风为裳，水为佩。

油壁车，夕相待。

冷翠烛，劳光彩。

西陵下，风吹雨。

宋太宗日阅三卷

◎一个月本来只有30天，古人把每个夜晚的时间算做半月，就多了十五天。从这个意义上说来，夜晚的时间实际上不就等于生命的三分之一吗？——邓拓

宋太宗赵炅（939—997年），本名赵匡义，后因避其兄宋太祖讳改名赵光义，即位后改名炅。父亲赵弘殷，追赠宣祖，母亲杜太后。在其兄弟中，除去早夭者，太宗排行居中，比太祖小12岁，比秦王赵廷美大8岁。太祖驾崩后，38岁的赵光义登基为帝，在位共21年（976—997年），至道三年，59岁去世，庙号太宗，谥号至仁应道神功圣德文武睿烈大明广孝皇帝，葬永熙陵。是宋朝的第二个皇帝。

宋太祖死后，由其弟宋太宗继位，宋太宗是个很喜欢读书的人。他当皇帝以后，下令增加科举名额，让更多的读书人有踏入仕途的机会。同时，他还召集了许多学者，让他们编纂大型的具有百科全书性质的类书。

李防、扈蒙等人接受了任务，经过7年的努力，编成了《太平总类》一书。这部书规模很大，共有1000卷，分为55门，内容包括天文、地理、典章制度、物产、医学、宗教等各个方面，具有很高的学术价值和实用价值。

宋太宗对这部书给予了很高的评价，他决定自己每天看三卷，用一年时间把这部书全部看完。因此，这部《太平总类》也改名为《太平御览》，意思是太平兴国年间编成的，皇帝亲自阅览过的书。

他身边的侍臣们见他这么辛劳，担心他过于劳累，有时就劝他注意身体，少看点书。宋太宗听了，笑着对侍臣们说："只要翻开书本阅读，就一定会有收益，这可是一件令人十分愉快的事情啊！我只要有书读，就一点也不疲劳了。"

　　侍臣们听了，都十分感动，也就不好再说什么了。就这样，宋太宗果然按照计划，用一年时间把这部大型类书看完了。

◎故事感悟

　　作为一国之君，每天的政务自然十分繁忙，时间非常宝贵。但宋太宗不管多忙，都一定要按时间按计划每天阅读三卷，这种惜时如金的精神多么难得啊！

◎史海撷英

宋太宗学书

　　宋太宗当政的时候，有一个叫王著的人学王羲之的书法，深得他的精髓，在翰林苑当侍书。皇帝处理政事之余，还注重练书法，好几次派太监拿自己写的书法给王著看，王著每次都说还未学好，太宗就更加专心临摹。但每次太监问王著，王著的回答依然像当初的一样。有人问他的意图，王著说："虽然写得好，但是如果那么快就说好，恐怕圣上就不再（对书法）用心。"从那之后，皇帝的书法精妙绝伦，超越前古，世人都认为得益于王著对他的勉励。

"三多"与"三上"

◎逆水行舟用力撑，一篙松劲退千寻。古云"此日足可惜"，吾辈更应惜秒阴。——董必武

> 欧阳修（1007—1072年），字永叔，号醉翁、六一居士。吉州吉水（今江西）人。北宋文学家、史学家。天圣进士，累官知制诰、翰林学士、枢密副使、参知政事。是北宋古文运动的领袖。散文说理畅达，抒情委婉，为"唐宋八大家"之一，诗风与其散文近似，语言流畅自然，其词深婉清丽。有《欧阳文忠集》，词集有《六一词》《近体乐府》及《醉翁琴趣外编》。

"一生勤苦书千卷"，这是北宋著名书法家和杰出文学家欧阳修的诗句，也是他毕生勤奋学习的真实写照。

欧阳修小的时候，父亲病故，贫困的家庭更加困苦不堪了。少年时的欧阳修很爱学习，但没有钱买纸和笔，他的母亲就用芦荻杆当笔，在泥沙上教他认字写字。著名的"画荻教子"的典故就是从这里来的。

在母亲的教导下，欧阳修刻苦学习，不到10岁就已经具备了自学能力。于是，他就借书回家读，重要的自己抄一遍，并把它背出来。几年以后，他把很多书都背熟了。

有一天，他从废纸堆里发现了韩愈的遗稿，已经破烂不堪了。他把这本书捡回家，经过精心修补，认真地读起来，爱不释手，连读了几遍，废寝忘食。欧阳修一下子就被那汪洋恣肆的文采深深地吸引了，他发誓努力学习，赶上韩愈的水平。

　　欧阳修非常勤勉，他认为写文章有"三多"："看多，做多，商量多也。"因此，他平时总是能够做到：多读优秀作品，多练习写作，多和朋友们商讨文学问题。

　　欧阳修作文，一向虚心向人请教，从不满足。有一次，欧阳修、谢希深、尹师鲁三人各撰写一篇题材相同的文章。结果，谢文700字，欧文500字，而尹文只有380多字，语言精练，结构严密。欧阳修自觉不如，甘拜下风。

　　晚饭后，他提了酒亲自到尹家拜访，一见面就说："小弟向你请教来了。"两人促膝交谈，直到天明。回家后，他没有躺到床上，而是立刻振作精神，字斟句酌地重写一篇。结果，不但比尹文少20个字，而且显得更加完整、更加凝练了。过后，尹师鲁读了，惊叹说："欧阳修真是一日千里啊！"

　　欧阳修在自学中尝到了"看多"、"做多"、"商量多"的甜头，但同时也感到做到"三多"时间是至关重要的。

　　欧阳修当官以后，公事十分繁忙，但为了实行政治改革，仍然写下了许多有相当价值的诗词和散文。欧阳修写作态度非常严谨，一字一句，反复锤炼。每写完一篇便贴在卧室的墙上，随时看、随时改，直到尽善尽美，才肯拿出去给人看。他在安徽滁州当太守时，曾写了著名的《醉翁亭记》，开头写滁州的山景就写了几十个字，后来修改时，他想这篇游记的重点是写"醉翁亭"，没有必要用过多笔墨描写山景，最后概括成"环滁皆山也"一句，寥寥几个字，洗练明确。有人好奇地问他："哪来这么多时间思考？"欧阳修回答："我生平所作文章，多在'三上'，这就是利用马上、枕上和厕上的时间。"

　　欧阳修到了晚年，已经是赫赫有名的大作家了。可是，他仍然把以前所写的文章拿出来一篇一篇地修改，冥思苦想。他的夫人劝他："何必这样吃苦，又不是小学生，难道还怕先生骂吗？"他捻着胡子，呵呵大笑，说："我倒不是怕先生辱骂，而是怕后生耻笑！"

　　经过一生勤苦的努力，欧阳修给后人留下了很多著作，有《欧阳文忠公文集》、《新五代史》等，还与人合修了一部《新唐书》。他的诗词也写得很好，尤其擅长写散文。他的文风平易流畅，委曲婉转，对宋代及其以后的散文发展产生了重大的影响，为我国的文学事业做出了卓越的贡献，成为著名的"唐宋八大家"之一。著名文学家苏轼称赞他："论大道似韩愈，论事似陆机，记事似司马迁，诗赋似李白。"

◎故事感悟

　　欧阳修的"三上"，可谓是珍惜时间的最好总结！一代大文豪，一生勤奋谦虚，还能珍惜一切能够珍惜的时间去学习，我们有什么理由不去向欧阳修学习呢？

◎史海撷英

欧阳修文风严谨

　　据《宋稗类钞》记载：有一次，欧阳修替人写了一篇《相州锦堂记》，其中有这样两句："仕宦至将相，富贵归故乡。"交稿后，他又推敲了一下，觉得不妥，便派人骑快马将稿子追回，修改后再送上。来人接过改稿，草草一读，很是奇怪：这不还和原稿一模一样吗？仔细研读后才发现，全文只是将"仕宦至将相，富贵归故乡"改成了"仕宦而至将相，富贵而归故乡"，快马追回的只是两个"而"字。但他反复吟诵后，才发现个中妙处。原来，改句中增加了两个"而"字，意义虽未改变，但是读起来语气由急促变为舒缓，音节和谐，增加了语言抑扬顿挫的音乐美。

刘恕谢宴借览

◎时间，每天得到的都是24小时，可是一天的时间给勤勉的人带来智慧与力量，给懒散的人只能留下一片悔恨。——鲁迅

> 刘恕（1032-1078），字道原，筠州（今江西高安）人。《资治通鉴》副主编之一。其父刘涣，精研史学。刘恕亦以史学擅名。

北宋史学家刘恕，是司马光编著《资治通鉴》，考证历史问题的重要协助者。

当时编写《资治通鉴》，英宗皇帝指定司马光负责，并让他挑选助手。司马光当即回答说："馆阁中文学之士诚然不少，至于专门精通史学的，据我所知，只有刘恕一人而已！"司马光首先选中了刘恕，在修史的过程中，凡遇史实纷杂难治之处，多由刘恕处理。

刘恕一生勤奋好学，惜时如金：白天，埋头读书，家里人喊他吃饭，直到饭菜冰凉，他还顾不上吃；夜间，上床之后，他仍然思考古往今来的历史问题，往往通宵不眠。

刘恕家境贫寒，阴历十月还穿不上棉衣，自然无钱买书，只得靠借书、抄书来满足自己求学的需要，甚至不远数百里，外出求书借读。

一次，刘恕得悉在亳州做官的学者宋次道家中藏书丰富，就绕道跑去借阅。宋次道让这位远道而来的友人住在家里，办了丰盛的酒席招待他。刘恕却对主人说："你知道，我并不是为了享受佳肴美酒才跑到你这儿来的。这样大吃大喝，岂不误了我的正事！请把这些酒肴都撤走吧，以后不必客气。"他

一进书库，立刻就被琳琅满目的书籍迷住了。于是，他把门一关，独自边读边抄起来，白天顾不得休息，晚上忘记了睡觉。就这样坚持了十多天，把自己所需要的书本全部读完、抄完。临告别的时候，宋次道发现他的双眼都已熬得血红。

刘恕从小聪颖、专心，笃爱史学。13岁时，就从别人那里借来《汉书》、《唐书》阅读。那时的科举考试，不重视历史知识，故一般的读书人对历史几乎茫然无知。而他注重学史，《史记》以下的正史，以至私记杂说、公文案卷，他无所不览，上下数千年的历史事件，也全都了如指掌。

有一天，刘恕和其他一些人陪同司马光去游览万安山，看见山道旁边立着一块古碑，上面写有五代时一些将官的名字。大家都不知道他们是些什么人，刘恕却能一一说出他们的事迹始末。司马光回去一查验有关史书，果然像刘恕所说的那样。

刘恕年纪不大就患有严重的风湿病，半身不遂，关节疼痛难忍。在这种情况下，他还让家里人借来有关的书籍，校正、补充自己的著作。刘恕去世时仅仅47岁，但在这短短的一生中，他除协助司马光编著《资治通鉴》外，还著有《通鉴外纪》十卷和《五代十国纪年》四十二卷（后者今已不传）。可惜还有一著作他尚未来得及写完，就与世长辞了。

◎故事感悟

正是因为刘恕珍惜一切可以利用的时间去学习、著述，所以他赢得了很多人的赞誉。他的一生是短暂的，但他那种惜时如金、与时竞驰的精神永存！

◎史海撷英

司马光编纂《资治通鉴》

宋神宗熙宁年间，司马光强烈反对王安石变法，上疏请求外任。熙宁四年（1071年），他判西京御史台，自此居洛阳15年，不问政事。在这段悠游的岁月中司马光主持编撰了294卷300万字的编年体史书《资治通鉴》，耗时19年。

《资治通鉴》上起周威烈王二十三年（公元前403年），下迄五代后周世宗显德六年（959年），共记载了16个朝代1362年的历史。司马光在《进资治通鉴表》中说："臣今筋骨癯瘁，目视昏近，齿牙无几，神识衰耗，目前所谓，旋踵而忘。臣之精力，尽于此书。"司马光为此书付出毕生精力，成书不到两年，他便积劳而逝。《资治通鉴》从发凡起例至删削定稿，司马光都亲自动笔，不假他人之手。清代学者王鸣盛说："此天地间必不可无之书，亦学者必不可不读之书。"

◎文苑拾萃

楚宫行

（北宋）司马光

楚王宫中夜未央，清歌秘舞会华堂。

木兰为柱桂为梁，隋珠和璧烂同光。

横吹乍鸣秋竹裂，繁弦初度春雨歇。

九微火树垂垂灭，罗衣纷纷玉缨绝。

满朝冠剑东方明，宫门未启君朝醒。

秦关日夜出奇兵，武安君火照夷陵。

独有的茶令

◎浪费时间就是自杀，尤其是浪费休息的时间，直接
威胁着生命。——徐特立

　　李清照（1084—1155年），济南章丘人。号易安居士。宋代女词人，婉约派代表。生于书香门第，在家庭熏陶下小小年纪便文采出众，对诗词散文书画音乐无不通晓，以词的成就最高。词清新委婉，感情真挚，且以北宋南宋生活变化呈现不同特点。前期反映闺中生活，感情自然，清丽明快。后来因为丈夫去世再加亡国伤痛，诗词变为凄凉悲痛，抒发怀乡悼亡情感也寄托强烈亡国之思。有《易安居士文集》等传世。代表作有《声声慢》、《一剪梅》、《如梦令》等。其文学创作具鲜明独特的艺术风格，居婉约派之首，对后世影响较大，称为"易安体"。

　　喝酒有酒令，饮茶也有"茶令"吗？答案是有。

　　不过，兴这个"茶令"，既不是大多数饮茶者的习惯，也不是某地的习俗，而是一对夫妇独创、独有的。这对夫妇，就是宋朝著名的女词人李清照和她的丈夫赵明诚。

　　吃过晚饭，李清照夫妇俩也习惯喝茶。边喝茶，边聊天，是一种乐趣，也是一种休息。可是，他们总觉得喝茶聊闲天，时间就白白地过去了，最好能想个主意，把这段时间也利用起来。于是，他们发明了这个"茶令"。

　　这种"茶令"非常独特，而且也颇有趣味。与酒令不同的是，是赢者喝，而不是输者喝。

　　每当茶沏好以后，他们其中一人便开始讲史书上记载的某一件史实。讲完以后，另一人要说出这一史实出自哪一本书。光说出哪一本书还不够，还

要说出这一史实在书中的哪一卷、哪一页、哪一行。如果没读过此书，肯定答不上来；读了，而不熟悉，也答不上来。答不上来或答得不准确，茶是不能喝的，只能闻一闻茶香。

看，李清照夫妇是多么珍惜时间啊！

当时，李清照夫妇的日子很不宽裕，两人省吃俭用，过着俭朴的生活。他们俩都十分酷爱金石艺术，常常互相切磋进行研究。

他们那间自称为"归来堂"的屋子虽不宏大，里面却整整齐齐地排列着大书柜。柜里堆满了商彝周鼎、古书字画。每天晚上，这对夫妇总是在烛光荧荧的映照下鉴赏字画，勘校古籍。他们屋里的烛光，常常亮到天明……

赵明诚和李清照对金石书画的研究兴趣，可以说是达到了迷恋的程度。为了收集，他们不顾生活的拮据，只要在街上看见了名人字画，想尽一切办法也要买回来。

每逢初一和十五这两天放假的日子，夫妇俩总是拿些衣物到当铺去质押五六百文钱，步行到相国寺的书摊上，买几本有研究价值的金石碑刻，回家后共同探讨。有一年深秋，为了买一些好的资料，两人硬是把家里的一床棉被也给当了。当朋友们得知后，关切地对李清照夫妇说："你们俩呀，怎么迷倒了这种程度！天越来越凉了，难道你们要以书当被不成？"

的确，为了研究金石艺术，他们俩节衣缩食，根本不考虑自己的生活状况。

几年以后，夫妇俩对金石艺术终于摸到了门径，于是，他们更坚定要"穷尽天下古文奇字"，一一加以研究。他们勤奋地摹写不易见到的孤本书和金石拓片，光这些摹写物，就足足有好几箱子。

后来，赵明诚当上了莱州的太守，生活宽裕些了。于是，他们便大量搜集书画古玩，从中研究古文字的演变，订正古史中的谬误。

这以后，为了加速研究的进度，夫妻二人不再做从前那个"茶令"的游戏了，而是在晚饭后分头去研究。每当夜深时，这对夫妇常常是一方被劝回

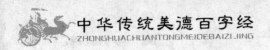
到床上休息后，劝人者却又坐在了桌前。有趣的是，每当遇到这种情况，被劝者重又起床，为这种不公而争执。

正因为李清照夫妇如此勤奋努力，所以获得了丰硕的成果。几年后。他们收藏的金石碑刻达到了2000多卷，他们对每一卷都进行了系统的研究，最后，夫妻俩通力合作，分头整理，写成了在考古学上有着重大参考价值的《金石录》一书。

◎故事感悟

这对志趣相同的夫妻，被人们当做了勤奋好学的典范，他们发明的那种"茶令"也成为历代人们传诵的佳话。

◎史海撷英

李清照的"百天婚姻"

1127年，北方女真族（金）攻破了汴京，宋徽宗、宋钦宗父子被俘，宋高宗南逃。李清照夫妇也随难民流落江南，漂流异地，多年搜集来的金石字画丧失殆尽，给李清照带来沉痛的打击和极大的痛苦。后来金人铁蹄南下，南宋王朝腐败无能，自毁长城。

赵明诚胸怀满腔热血，可却出师未捷身先死。第二年，赵明诚病死于建康（今南京），更给李清照增添了难以忍受的悲痛。在李清照孤寂之时，张汝州为骗取李清照钱财，乘虚而入，对李清照百般示好。李清照当时无依无靠，便顶世俗之风嫁给张汝州。婚后，二人发现自己都受到了欺骗，张汝州发现李清照并没有自己预想中的家财万贯，而李清照也发现了张汝州的虚情假意，甚至到后来的拳脚相加。之后，李清照发现张汝州的官职来源于行贿，便状告张汝州。在当时的社会环境下，妻子告发丈夫，即使印证丈夫有罪，妻子也要同受牢狱之苦。李清照入狱后，由于家人收买了狱卒，入狱9天便被释放，这段不到百天的婚姻就此结束。

◎文苑拾萃

满庭芳

（宋）李清照

小阁藏春，

闲窗锁昼，

画堂无限深幽。

篆香烧尽，日影下帘钩。

手种江梅更好，

又何必、临水登楼。

无人到，寂寥恰似，

何逊在扬州。

从来知韵胜，

难堪雨藉，不耐风揉。

更谁家横笛，吹动浓愁。

莫恨香消雪减，

须信道、扫迹情留。

难言处，良宵淡月，

疏影尚风流。

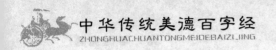

劝人珍惜时间的诗

◎盛年不再来，一日难再晨，及时当勉励，岁月不待人。——陶渊明

朱熹（1130—1200年），字元晦，一字仲晦，号晦庵、晦翁、考亭先生、云谷老人、沧州病叟、逆翁。南宋江南东路徽州府婺源县（今江西省婺源）人。19岁进士及第，曾任荆湖南路安抚使，仕至宝文阁待制。为政期间，申敕令，惩奸吏，治绩显赫。南宋著名的理学家、思想家、哲学家、教育家、诗人、闽学派的代表人物，世称朱子，是孔子、孟子以来最杰出的弘扬儒学的大师。

秋风阵阵，吹黄了梧桐的叶子，片片飘落下来，随风在地上翻卷。

朱熹站在屋檐下，望着飘落的梧桐叶子，想到自己头发都白了，还有很多事想做没来得及做，不禁感慨万千，说："光阴似箭，岁月如流啊！"

"嘻嘻。"一阵青少年打闹的笑声传来。

"年轻人不懂得珍惜时间。"他叹息着，"只有过来人才更知道时间的可贵！"想着，想着，诗兴油然而生，他低头思索片刻，吟道：

> 少年易老学难成，一寸光影不可轻。
>
> 未觉池塘春草梦，阶前梧叶已秋声。

朱熹吟罢，连忙回书房写在纸上，他的意思是希望后人见到这首诗能够珍惜光阴。

◎故事感悟

朱熹懂得时间一去不回头的道理，所以大发感慨，也更珍惜时间。

◎史海撷英

"心学"与"理学"

朱熹认为，在超现实、超社会之上存在一种标准，它是人们一切行为的标准，即"天理"。只有去发现（格物穷理）和遵循天理，才是真、善、美，而破坏这种真、善、美的是"人欲"。因此，他提出"存天理，灭人欲"。这就是朱熹客观唯心主义思想的核心。淳熙三年（1176年），朱熹与当时著名学者陆九渊相会于江西上饶鹅湖寺，交流思想。但陆属主观唯心论，他认为人们心中先天存在着真、善、美，主张"发明本心"，即要求人们自己在心中去发现真、善、美，达到自我完善。这与朱的客观唯心说的主张不同。因此，二人辩论争持，以至互相嘲讽，不欢而散。这就是中国思想史上有名的"鹅湖会"。从此，也就有了"理学"与"心学"两大派别。

◎文苑拾萃

温 泉

（南宋）朱熹

连山西南来，中断还崛起。

干霄几千仞，据地三百里。

飞峰上灵秀，众壑下清美。

逮兹势力穷，犹能出奇伟。

谁燃丹黄焰？爨此玉池水。

客来争解带，万劫付一洗。

当年谢康乐，弦绝今久矣。

水碧复流温，相思五湖里。

李时勉督促生员惜时读书

◎人的一生多少有点作为，对人民有点贡献，大凡都是靠挤出来的。一个如果常年不觉得挤，反而觉得有的是时间，松松垮垮，他将一事无成，虚度年华，浪费了生命。——谢觉哉

李时勉（1374—1450年），名懋。安福（今属江西）人。明朝官吏，永乐二年（1404年）进士。选为庶吉士，进学文渊阁。历任刑部主事、翰林侍读。两次参与修《太祖实录》。性格刚正耿直，多建议，言不应当建都北京，违成祖意，遭谗言下狱，后释放，复职洪熙时复上疏言事，惹仁宗甚怒几乎被金瓜致死。宣德五年（1430年）修《成祖实录》成，升侍读学士。正统三年（1438年）修《宣宗实录》成，升学士，掌院事兼经筵讲官。六年任祭酒。督令读书，人才盛于往时。英宗被俘，日夜悲恸，派遣孙儿上书。景泰元年死。谥文毅。

李时勉是明初的一位谏臣和教育家，在政治上关心时政，所言多中时病；在教育上治理国与监有方，人才辈出。他性情耿介，品质刚毅，具有忧国忧民思想。

正统六年至十二年，李时勉任国子监祭酒。在其任内，他勤于治校，关心学生，对学生的要求相当严格。学生对他也非常爱戴。他任国子监祭酒时，对国子监的很多设施和陋习都做了改变。

李时勉小时候读书非常刻苦，珍惜时间。冬天的时候，天气寒冷，他就常用被子裹着脚放在桶中，诵读不止。他苦读不辍，专注学业，永乐二年中进士，选为庶吉士，进学文渊阁，参与编修《太祖实录》，被授予刑部主事之职，又参与重修《太祖实录》。编修完成，改任翰林侍读。

李时勉做了6年祭酒，他将学生分为格、致、诚、正四班，对学生教诲劝

勉无所不至。他崇尚廉耻，对学生的要求也如此，希望学生专心读书，不要分心专注读书以外的事。他禁止学生不择手段地追逐名利，告诫学生要端正进取的态度，通过努力以实力去考取功名，来谋求仕途的发展。

李时勉根据学生平时的表现为准则制定奖惩制度，对学生进行奖惩，以提高学生读书的积极性。生员中因贫穷不能婚娶丧葬的，他就节省开销去接济他们。

李时勉严格地要求学生，经常教导学生要珍惜读书的时光，刻苦读书，要创造一切条件去读书。李时勉时常督促生员们读书，生员也很听严师的忠告和勉励，惜时如命，经常苦读至深夜，甚至通宵达旦，以致国子监灯火通宵不熄，朗诵读书声不断，人才比以前盛多。

◎故事感悟

　　李时勉不仅自己珍惜时间勤奋学习，作为老师，他也要求学生如此，为人师者，可敬可佩！

◎史海撷英

李时勉救人

　　洪熙元年（1425年），李时勉目睹奸臣宦官擅权误国，又上书言事。由于宦官挑唆，仁宗皇帝于次日早朝时斥责李时勉。李时勉大义凛然，应对不屈。仁宗恼羞成怒，命武士以金瓜（一种瓜状兵器）扑击李时勉。血泊中的李时勉胸部肋骨顿时断了8根，被丢进监狱，卧以待毙。但李时勉大难不死，遇上救星。

　　原来，那年元宵节观灯时，李时勉在路旁拾到金钗一枝，失者为锦衣卫一个指挥之妻。失钗后，指挥大怒，令其妻跳楼自尽。不料，李时勉将金钗送还。指挥使用国外贡品伤科良药"血竭"将其妻救治，夫妻俩对李时勉非常感激。现在听说李时勉遭惨刑，于是指挥利用职务之便，偷偷进入监狱，为李时勉敷上"血竭"，使之痊愈。也许是药物的气味所致，狱中的跳蚤虱子都不敢侵扰李时勉。后来同乡邹守益得知这一情况，写诗赞曰："金钗诎料酬良药，蚤虱犹能避正人。"

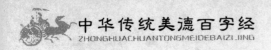

◎文苑拾萃

彭蠡湖

（明）李时勉

一水遥涵万古秋，微茫何处觅荒洲。

西连吴楚三江水，东到沧溟万古流。

仙岛凌空沙上出，晴霞分彩日边浮。

知君独得乘槎路，不问烟波倚棹讴。

魏源惜时注书

◎时间，你不开拓它，它就悄悄长出青苔，爬上你生命的庭院，把你一生掩埋。——格言

> 　　魏源（1794—1857）清代启蒙思想家、政治家、文学家，近代中国"睁眼看世界"的先行者之一。名远达，字默深，又字墨生、汉士，号良图，湖南邵阳隆回人，道光二年举人，二十五年始成进士，官高邮知州，晚年弃官归隐，潜心佛学，法名承贯。魏源认为论学应以"经世致用"为宗旨，提出"变古愈尽，便民愈甚"的变法主张，倡导学习西方先进科学技术，总结出"师夷之长技以制夷"的新思想。

　　魏源是我国近代杰出的爱国主义思想家、史学家、文学家，也是最早向西方学习的革新家之一。他从小沉默少语，喜欢独自静坐，所以取号叫做"默深"。

　　魏源七八岁的时候，被送进书塾里学习。他读书很用功，尤其喜爱阅读诗文、史地方面的书籍。白天在书塾里读书，他总是埋头苦读，当小伙伴们休息时，他却一动不动地坐在座位上，津津有味地读着先生讲过的文章。先生早将这些看在眼里，他总是捋着胡须，语重心长地对自己的学生说："你们当中无论是谁，要想今后成大器，我看非有魏源这种勤奋刻苦精神不行……"

　　在家里也是如此，他往往读书到深更半夜，有时遇到好书爱不释手，竟一直读到天明。母亲心疼他，怕他小小的年纪累坏了身体，常常催他早点休息，魏源嘴上答应着，却迟迟不肯放下手中的书。母亲无奈，只好把灯吹灭逼着他去睡觉。但是，等到母亲入睡后，魏源却又悄悄地起来，点上灯，用被子遮着光，继续读起来。

勤奋给小魏源插上了智慧的翅膀。9岁那年，魏源就参加县里的童子试。

考试这天，几十名儿童熙熙攘攘上堂，县令亲自主持童子试。点名时，县令见魏源眉清目秀，举止潇洒，十分可爱，但不知才能如何，于是叫来魏源，指着自己茶杯上画的太极图对他说："杯中含太极。"

当时，魏源怀中正揣着母亲给他的两张大饼，他用手摸了摸胸口，从容答道："腹内孕乾坤。"

众人听后都很震惊，县令也觉得奇怪，问他："何谓乾坤？"

魏源不慌不忙地回答说："天地谓乾坤。我怀中揣着的两张大饼，不正像乾坤吗？我吃了这两张大饼，就要考虑天地间大事！"

县令连连点头，赞叹他年幼而有大志。

魏源21岁时随父亲来到了北京。条件变了，可魏源那股勤奋学习的劲头并没有变。他博览群书，废寝忘食。他给自己定下规矩，要"足不出户，闭门读书"。父亲多次劝他说："京城的一切都是新鲜的，你应当出去看看，也好换换脑子。"

魏源听后，指着桌上的书说："等我看完了这几本，一定听从父亲的话……"

哪里知道，魏源桌上的书看完了又拿来新的，总也看不完。

当时，大学士汤金钊非常赏识魏源的才识，对他十分器重。两人经常在一起探讨学问，魏源称汤金钊为恩师，并从他身上获得了不少教益。

一天，汤金钊捧着一部《大学》古本，对魏源说："这部前人留下的著作，太繁杂了，许多人也曾整理过，可惜没能有一满意的注释。如今，只好请你来完成了。"

魏源接受这一任务后，五十多天没有去拜见汤金钊，汤金钊以为他病了，便亲自登门探望。

听说汤金钊来了，魏源急忙出来迎接。汤金钊一抬头，只见此人蓬头垢面，满脸胡须，心想，这或许是魏源的仆人吧，便说道："快去转告魏源，说他的先生看他来了！"

魏源深深一躬，转身捧出那部《大学》古本说："恩师，学生遵命，已将此书注完，请过目！"

汤金钊不禁叹道："你勤学罕见，竟至于此！"

原来，魏源在这50多天中，脸不洗，头不梳，不分昼夜地完成了这部著作的整理和注释。

◎故事感悟

为了注书，魏源可谓勤奋到一定程度了，他不梳头、不洗脸，争取更多的时间整理和注释，这种勤奋、惜时的精神实在是令我们感动！

◎史海撷英

魏源反对侵华活动

魏源坚决反对西方资本主义的侵华活动，提出了反侵略的主张与办法。他对人民群众的力量有一定的认识，同林则徐"民心可用"的观点相一致，提出"义民可用"的主张。他从三元里和台湾等地人民抗英斗争中得到鼓舞。在三元里人民痛击英国侵略者之后，他满怀激情地以"同仇敌忾士心齐，呼市俄闻十万师"，"前时但说民通寇，此日翻看吏纵夷"的诗句，热情讴歌三元里人民的抗英斗争，愤怒声讨投降派为侵略军解围的可耻行径，并在《海国图志》中写道："三元里之战，以区区义兵，围夷酋，斩夷师，歼夷兵，以欺开网之而逸，孰谓我兵陆战之不如夷者？"又说"广东之斩夷首，捐舰者皆义民"，"两禽夷舶于台湾，火攻夷船于南澳者亦义民"。他主张利用和依靠人民群众作为抵抗外来侵略的主要力量，与投降派"防民甚于防寇"的反动政策形成鲜明的对照。

卢象升公务不过夜

◎圣人不贵尺之璧而重寸之阴，时难得而易失
也。——刘安

> 卢象升（1600—1638年），字建斗，号九台，又字斗瞻、介瞻。明常州宜兴人。天启进士。明末著名将领、民族英雄。授户部主事，擢员外郎，死后追赠兵部尚书，南明福王时追谥"忠烈"，清朝追谥"忠肃"。著有《卢忠肃集》、《卢象升疏牍》。

卢象升是明末著名将领，民族英雄。卢象升自幼胸怀大志，潜心经史，喜习射骑，虽为江南文人，但天赋异禀，明史载："象升白皙而癯，膊独骨，负殊力。"黄裳在《宜兴游记》中说他看到过卢象升的重136斤的练功刀，铁锈斑斓，通体作古铜色，可以看出卢象升天生神力无疑。

卢象升年少的时候，明政府已经腐败不堪，民怨沸腾，清兵正伺机入侵。爱国的卢象升看到国家的衰败便立志救国，因此他刻苦读书的同时也学习兵书和练习武术。22岁中了进士，担任了户部主事，其后卢象升历员外郎，又升迁大名知府、大名道。作为主力抗清的名将，卢象升虽然智勇过人，率领的军队屡战屡捷，但也无法挽救已极为腐朽的明朝大厦，最后壮烈殉职在大厦倾倒前夕。

崇祯十一年（1638年），清兵不断进犯，农民起义的烈火到处燃烧，明王朝已在风雨飘摇之中。朝中以首辅杨嗣昌为首的一些大臣力主先安内而后攘外，与清军议和，加紧对农民军的镇压。崇祯帝召卢象升商量，卢象升坚决主战，他认为："能战方能言守，如不能战，处处言守，则愈守愈受制于敌。今日必须以战为主，守为辅，方能制敌而不受制于敌。"崇祯要他与杨嗣昌及监军高起潜商量。杨嗣昌、高起潜是主张与清军议和的。在朝议中卢象升慷慨陈词，他认为"敌骑纵横，长驱直入，大明江山，朝不保夕"，若不"一战以挽危局"，将"重蹈南宋覆辙"。

朝议未有结论。卢象升率军驻守昌平，与进犯清军多次作战，均取得胜利，他率领的2万军队也死伤1.5万多人。杨嗣昌对卢象升战胜清军的消息不但不报告崇祯，反而诬告卢象升按兵不动，并断绝了他的给养。卢象升率领不到5000人的部队在没有粮草的情况下与清军作战，陷入了清军重重包围之中，激战终日，力竭阵亡。

卢象升类似于理想主义者，做学问不从事分章析句解释古书意义的研究。卢象升勤劳在朝中是很出名的，他比下级官吏还要勤劳和努力。卢象升公务非常繁忙，每天夜里都要在蜡烛上刻上标志来作为计时的标准，给足自己处理公务的时间和规定自己的歇息时间，每至深夜，鸡一叫他就起床梳洗。假如接到一件机密重要的事要办，他就立即披衣起床，立刻去办完，及时解决事情，不把事情留到第二天，从不耽误时间和延误战机。卢象升空闲的时候就射箭，箭射花朵，50步以外，每发必定射中。

卢象升和岳飞有几分相像，都是被奸臣所陷害，有一腔救国的热血但报国无门，政府的腐败和奸臣的谗言把他们压得无出头之日，最后都落得不好的下场。

◎故事感悟

卢象升作为大明的将领，尽忠尽义，为朝廷献出了自己悲剧的人生。长年的惜时苦读增长了卢象升的知识，开阔了他的视野，他所习兵法也在作战中运用得淋漓尽致，屡战屡胜，可最终还是受奸臣的谗言陷害悲死疆场。

◎史海撷英

卢忠肃第

据《宜兴荆溪县新志》记载，卢忠肃第是明兵部尚书卢象升故居，明天启年间建筑，挂"大司马第"门额。坐落在浙江东珠巷今宜城街道文化中心对面，坐南朝北。卢象升督师日久，顾不及家居，阵亡后迎柩归里，于此居丧。清道光年间已由史氏居住。解放后，先后为县级机关干部宿舍、县级机关幼儿园（后为宜城中心幼儿园），20世纪末旧城改造时全部拆除。

◎文苑拾萃

书 愤

（明）卢象升

太平天子数风流，歌赋繁华夜宴楼。

燕雀安识经济策，凤鸾岂欲稻粮谋。

万言芹论充签判，半幅醮词作公侯。

果是功成身合死，丹心一片不肯休。

康熙诵读至夜分

◎花有重开日，人无再少年。——关汉卿

清圣祖康熙（1654—1722年），名爱新觉罗·玄烨，清朝皇帝，康熙的称谓来自其年号。是在位时间最长的皇帝。康熙执政期间，撤除吴三桂等三藩势力（1673年），统一台湾（1684年），平定准噶尔汗噶尔丹叛乱（1688—1697年），并抵抗了当时沙俄对我国东北地区的侵略，签订了中俄《尼布楚条约》，维持了东北边境150多年的边界和平。他在承德修建了避暑山庄，将其作为蒙古、西藏、哈萨克等部王公贵族觐见的场所。

康熙二十三年（1684年）十一月，圣祖康熙南巡驻跸在江宁（今江苏南京），停船靠岸燕子矶（今江苏南京东北），读书到夜半子时左右，侍读臣子高士奇说："皇上身体过于疲劳，应该稍加节制以便休养身体。"康熙说："我从5岁受业读书，朗诵读书常常到夜半，有乐趣在书中不感觉疲劳呀！"

康熙二十三年（1684年），康熙帝出巡，规定：一应本章俱三日递到一奏。

十月的一天，康熙帝等到了二鼓，还不见本章送到，问之数次，因未经递到，他强调指出："奏章关系国政，最为紧要！朕凡在巡幸之处，奏到随听览，未尝一有稽留。前此递本官员因其迟误，朕已经重处。此番本章何又至今未到？今日奏章不拘时刻到来，尔等即便呈进，朕宵兴省览。"

是夜四鼓，本章才递到呈进，康熙帝立即披衣而起，一一详审，通宵达旦。次日黎明，将折本全部处理完毕。夜分而起，未明求衣；彻曙听政，日哺而食；数十年间，极少间断。

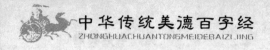

◎故事感悟

　　康熙帝勤于政事，可谓鞠躬尽瘁死而后已。他惜时如金、刻苦勤奋学习的态度值得我们赞誉。

◎史海撷英

康熙移天缩地，兴修园林

　　康熙修建了畅春园、承德避暑山庄、热河木兰围场，他的孙子乾隆又继续兴修三山五园（三山：香山、玉泉山、万寿山；五园：畅春园、圆明园、静明园、静宜园、清漪园也就是颐和园），这样就把中国古典园林的艺术推到了一个最高峰。清朝园林的兴修是中华民族的一份宝贵的遗产。承德避暑山庄这座比北京的颐和园大一倍的皇家园林，绝不只是一般意义上的休息场所，它与木兰围场一样，是康熙政治大棋盘上的一颗至关重要的棋子。这些按照蒙古西藏等民族风格修建的宫殿庙宇，它更重要的意义在于让蒙藏等各种上层人物进入山庄能有一种宾至如归的感受，透过这一片片幽静淡雅的山水人们似乎又回到了200多年以前。

　　六世班禅为乾隆祝寿就住在这里，派遣驻藏大臣，明确灵童转世和金瓶掣签制度也在这里。蒙古王爷们朝见皇帝住在这里，皇帝接见外国使臣也在这里。卷帙浩繁的《四库全书》存放在这里，嘉庆和咸丰两位皇帝先后死在这里，它见证了清王朝所经历的风风雨雨。

◎文苑拾萃

基督死

（清）康熙

　　功成十架血半溪，百丈恩流分自西。
　　身列四衙半夜路，徒方三背两番鸡。
　　五千鞭挞寸肤裂，六尺悬垂二盗齐。
　　惨恸八垓惊九品，七言一毕万灵啼。

鲁迅善于利用书目读书

◎凡事都要脚踏实地地去工作，不驰于空想，不骛于虚声，惟以求真的态度作踏实的工夫。以此态度求学，则真理可明，以此态度做事，则功业可就。——李大钊

> 鲁迅（1881—1936年），浙江绍兴人。原名周树人，字豫山、豫亭，后改名为豫才。他时常穿一件朴素的中式长衫，头发像刷子一样直竖着，浓密的胡须形成了一个隶书的"一"字。毛主席评价他是伟大的无产阶级的文学家、思想家、革命家，是中国文化革命的主将，也被人民称为"民族魂"。

鲁迅是中国现代的伟大文学家，著有《鲁迅全集》，代表作品是《呐喊》、《彷徨》，最有名的小说是《阿Q正传》。

鲁迅学识渊博，学贯中西，对中外文学、历史、哲学均有很精深的研究。他博览群书，十分善于利用书目学习读书。

鲁迅从青少年时期，读书就注重计划性、针对性和优选性，他从来不随意读书，十分注重书目的研究，并且善于利用书目读书，以提高读书的计划性和效益性。

鲁迅把目录学视为学习的指要和引导，特别注意收集书目，凡是出版社、书店、图书馆出版、出售的书报目录，他都要仔细阅读。他还把清乾隆时期所编修的《四库全书总目提要》作为一部入门书向初学者推荐。

鲁迅的藏书很多，包括家传的古书，亲友及报刊社赠送的书，以及自己购买的书；此外，他还经常向别人或图书馆借书。鲁迅读书之勤、之多是令人叹羡的。但不论是读自己的藏书，还是读借来的书，他都十分重视对书目

的研究，每拿到一本书，总是先看一遍序目，大致了解一下该书的出版厂家、出版日期，该书的基本内容、体例结构和建构特点，其优点和不足之处，然后分门别类，先后有序地安排时间阅读。对于那些需要精读的书籍，他不仅要列好阅读序次，集中精力，集中时间，潜心阅读，研究琢磨，还要写日记和读书笔记，务求深刻领会作者的立意构思，掌握全书科学的理论知识内容，做到有所借鉴，有所分析，有所汲取，有所评介。遇到一些疑难或需深入探讨的问题，他便先记下来，留待以后阅读中继续思考和求得深化，直到弄懂弄通为止。

鲁迅主张在对书目全面掌握的基础上，对各类有关的书采取"精读"和"泛读"两种学习方法。他一再强调要博览，即进行"多翻式"的阅读，各类书刊报纸、有机会就翻翻，广泛浏览，以开阔知识视野和理论修养背景。

鲁迅根据书目有效阅读古代典籍作品的同时，还对有关作品资料进行校勘和整理。鲁迅按书目类别系统查阅图书和摘录有关资料，辑成《古小说钩沉》一书。利用书目将明代以来几本书（包括《唐宋百家小说》、《唐代丛书》、《龙威秘书》等），精心校勘成《唐宋传奇》。

鲁迅还利用书目介绍，广泛接触外国文学作品，他的《狂人日记》、《孔乙己》、《药》等名篇，受到了俄国作家果戈理等人的影响，但表达更为深刻。

◎故事感悟

鲁迅利用书目读书，其实也是珍惜时间、提高学习效率的一个途径，最终也收到了显著的效果。我们在学习之时，也该利用灵活的方式去利用一切可以利用的时间。

◎史海撷英

鲁迅痛恨权势者和伪君子

鲁迅先生对权势者和伪君子抱着深恶痛绝的态度。《孔乙己》中的丁举人、

《阿Q正传》中的赵太爷、《祝福》中的鲁四老爷、《长明灯》中的郭老娃、《离婚》中的七大人等等，都是这样一些权势者的形象。他们有权有势，但对他人的命运却没有真诚的关心，对社会的进步没有丝毫的热情，他们关心的只是自己的权势和地位，自私、虚伪、冷酷，阻碍着社会的进步和改善。《肥皂》中的四铭、《高老夫子》中的高老夫子则是一些假道学、伪君子，他们口口声声说是关心社会的道德，实际上他们自己都是毫无道德心的人。

◎文苑拾萃

别诸弟三首

鲁迅

谋生无奈日奔驰，有弟偏教各别离。
最是令人凄绝处，孤檠长夜雨来时。

还家未久又离家，日暮新愁分外加。
夹道万株杨柳树，望中都化断肠花。

从来一别又经年，万里长风送客船。
我有一言应记取：文章得失不由天。

鲁迅惜时如命

◎昨日胜今日，今年老去年；黄河清有日，白发黑无
缘。——刘采春

"我哪里有什么天才，我不过把别人聊天、喝咖啡的时间都用来工作罢了。"这是鲁迅常说的一句话。

鲁迅从小勤学，他曾在私塾的课桌上刻过一个"早"字，以勉励自己珍惜光阴。每天上学，他总是早早地来到学堂，课间休息的钟声对他不起任何作用，当其他学生乘这间隙，放松一下紧张的大脑，在外面玩耍时，鲁迅仍坐在课桌前，专心地读着书。有好多次，同学们硬是将他拉到教室外面。可一转身，鲁迅又回到了自己的座位上……教书先生看看自己这位用功的学生，既高兴又不解地问道："你不喜欢玩吗？怎么连课间休息这点时间都不放过？"

小鲁迅抬起头，看了看老师，认真地说："我也喜欢玩，但我觉得课间休息这点时间很重要，我可以利用它掌握牢先生讲过的课文，时间久了，这点时间加起来可不算少……"

先生冲他点点头，露出了赞许的目光。

长大工作以后，鲁迅仍时时不忘节约时间。就拿吃饭为例，他是最喜欢吃鱼的，可为了少在剔吐鱼骨上花时间，就少吃鱼。别人对此大为不解，他却对人家说："时间靠挤，少吃点鱼没什么，而我得到了比这更美味的东西，那就是时间。"

鲁迅有句名言："时间就是生命，无端地空耗别人的时间，其实是无异于谋财害命的。"

在留学日本期间，虽然那间被他称作是"老虎尾巴"的小屋条件十分艰苦，但他却像一名匍匐在战壕里的战士一样，常常通宵伏案工作。有时，一

些游手好闲的人来找他，他会毫不客气地问："唉，你又来了，没有别的事好做吗？"

鲁迅读书非常专心，他的妻子许广平曾讲过这样一个故事：

有一天晚上，一个小偷溜进了鲁迅的家。做贼心虚，他见鲁迅坐在桌前，于是悄悄躲在一个角落里，想等鲁迅入睡之后再行窃，哪知鲁迅写啊、写啊，手中的笔一直不停地挥动着。

过了许久，鲁迅累了，只见他伸伸腰，点支烟，吸上几口后，又开始埋头写……

就这样，他屋里的灯光总是亮着，小偷一直不能得手。眼看时间过去很久了，鲁迅还是不熄灯入睡，小偷熬不过鲁迅，只好乘鲁迅专心写作之机，悄悄地将厨房里的一件小东西拿走了事。

长期的劳累，使鲁迅的身体变得清瘦了，好友们劝他多休息，注意身体。鲁迅却笑着对朋友说："面向桌子提笔写文章，是我工作的时候；靠在椅子里看书，就是我休息的时候。若是连这一切都停止了，那在我是做不到的。"

为了维护身体，鲁迅也吃鱼肝油、戒酒，这些都是为了赢得更多的时间。

有人做过统计，在鲁迅工作战斗的30年中，他总共为后人留下1000多万字的著作，平均每年33万，而且每天写作不间断。除此之外，鲁迅还做了大量的教育工作、研究工作和社会工作。

鲁迅逝世后，人们在整理他的遗物时发现，他存有大量的小纸条。这些纸条的颜色不一，上面都是他从各种书籍上选抄下来的对写作有用的资料。从这些纸条上，人们好像看到了鲁迅"废寝辍食，锐意穷搜"的身影。

◎故事感悟

正如他自己所说，鲁迅的一生是"小跑步"度过的，他以勤奋刻苦的精神和不辞辛苦的劳动赢得了人民的尊敬。今天，人们纪念他、学习他，仍没有忘记他那段意义深远的话："伟大的成绩和辛勤的劳动是成正比例的，有一分劳动就有一分收获，日积月累，从少到多，奇迹就可以创造出来。"

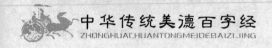

◎史海撷英

鲁迅与理发师

有一天，鲁迅穿着一件破旧的衣服上理发院去理发。理发师见他穿着很随便，而且看起来很肮脏，觉得他好像是个乞丐，就随随便便地给他剪了头发。理了发后，鲁迅从口袋里胡乱抓了一把钱交给理发师，便头也不回地走了。理发师仔细一数，发现他多给了好多钱，简直乐开了怀。

一个多月后，鲁迅又来理发了。理发师认出他就是上回多给了钱的顾客，因此对他十分客气，很小心地给他理发，还一直问他的意见，直到鲁迅感到满意为止。谁知道付钱时，鲁迅却很认真地把钱数了又数，一个铜板也不多给。理发师觉得很奇怪，便问他为什么。鲁迅笑着说："先生，上回你胡乱地给我剪头发，我就胡乱地付钱给你。这次你很认真地给我剪，所以我就很认真地付钱给你！"

理发师听了觉得很惭愧，连忙向鲁迅道歉。

◎文苑拾萃

惜花四律·步湘州藏春主人元韵

鲁迅

鸟啼铃语梦常萦，闲立花阴盼嫩晴。

怵目飞红随蝶舞，关心茸碧绕阶生。

天于绝代偏多妒，时至将离倍有情。

最是令人愁不解，四檐疏雨送秋声。

剧怜常逐柳绵飘，金屋何时贮阿娇。

微雨欲来勤插棘，熏风有意不鸣条。

莫教夕照催长笛，且踏春阳过板桥。

祇恐新秋归塞雁，兰艭载酒橹轻摇。

细雨轻寒二月时，不缘红豆始相思。

堕裀印屐增惆怅，插竹编篱好护持。

慰我素心香袭袖，撩人蓝尾酒盈卮。

奈何无奈春风至，深院荼蘼已满枝。

繁英绕甸竞呈妍，叶底闲看蛱蝶眠。

室外独留滋卉地，年来幸得养花天。

文禽共惜春将去，秀野忻逢红欲然。

戏仿唐宫护佳种，金铃轻绾赤阑边。

钱三强惜时攻英语

◎古人贱尺璧而重寸阴，惧乎时之过已。——曹丕

> 钱三强（1913—1992年），原名钱秉穹。出生于浙江省湖州市。核物理学家，中国科学院院士。父亲钱玄同是中国近代著名的语言文字学家。他是第二代居里夫妇的学生，又与妻子何泽慧一同被西方称为"中国的居里夫妇"；他是中国发展核武器的组织协调者和总设计师，中国"两弹一星"元勋，人称他领导的研究所"满门忠烈"。被誉为"中国原子能科学之父"、"中国两弹之父"。

　　中国著名的核物理专家钱三强，出生在书香门第之家，父亲是北京大学教授，著名的语言文字学家。他因受家庭的熏陶，小的时候很喜欢读书。中学后的一天，他偶然得到了孙中山先生写的两本小书，一本是《三民主义》，一本是《建国方略》。《建国方略》里讲，要把黑暗、落后的旧中国建设成繁荣、昌盛的新中国，并勾画了一幅中国光明、美好的图景。这两本书深深地打动了钱三强的心，他立志要学习科学，为祖国走向富强贡献力量。

　　当天晚上，钱三强找到父亲，郑重其事地说："我准备学工科！"父亲很支持儿子的志愿，问："你准备怎么学？"他回答："我准备考南洋大学。"南洋大学，就是后来的上海交通大学。父亲又问："南洋大学教师讲课一律用英文，你现在学的是法文，怎么考啊？"这一问题，可把钱三强难住了。他找几个同学商量了一番，终于想出了一个好办法。过了几天，他又找到父亲说："我们几个同学商量好了，先考北大预科，然后再考南洋大学。"父亲说："北

大预科入学考试就考英文，你还是不成呀？"钱三强决心说服父亲，他出主意说："我们听说，预科最重视的是数理化几门基本课程，至于英语的入学考试，您跟主考部门说说，先考我们的法语，入学后再让我们补学英语，保证能考通过。不然，就留我们的级！"经过学校的同意，准许钱三强和另外两个同学考试法语。结果，他们以优异的成绩被录取了。

入学后的第一节课，课桌上放的是英语课本，教师讲的是英语，同学们回答问题用的也是英语。钱三强为了能跟上脚步，进入角色，突击了几天英语，掌握了一些英语单词，勉强能听懂几句，但还是应付不了，往往是上句还没听懂，下句就接踵而至了。一堂课下来，老师讲了些什么，他都糊里糊涂，弄不清楚。这时的钱三强心里就有想法了：继续学下去？还是半途而废？钱三强想起自己在入学前他对父亲所作的保证："不用为我担心，半年之内，我一定争取英语及格。"想到自己所作的保证，钱三强就下定决心要把英语学好，说到一定要做到。他抽出更多的时间攻读英语，分分秒秒都在跟英语较劲，想着一定要把英语这个难题攻克。他终日抱着英汉词典，反复翻阅着；他的笔记本上，抄满了密密麻麻的英文；就连走路的时间，他也用来背诵英语单词。在那段学英语的非常日子里，他从早到晚，想的、说的、写的都是英语单词。

暑去寒来，半年过去了，英语考试的时间又到了，钱三强这次英语考试的成绩不仅及格了，还超出班里一些一直学英语的同学。辛勤的劳动终于有回报了，当他把英语考试卷送给父亲看的时候，父亲满意地笑了。后来，他考入清华大学物理系，毕业后到法国巴黎大学镭学研究所留学，在约里奥·居里夫妇，即小居里夫妇的指导下，他首先发现了核裂变的"三分裂"现象。他将这项重大的研究成果分别用法文和英文写成长篇论文，同时在法国和英国发表了，引起国际物理界的高度重视。小居里夫妇欣喜地说："这项研究成果，是第二次世界大战以来我们研究所所取得的最大成果之一。"当钱三强决心返回祖国的时候，小居里夫妇又在他的鉴定书上写道："我们可以毫不夸大地说，近十年来，在我们指导下的这一代科研人员中，钱三强是最优秀的！"

◎故事感悟

惜时如命是大多科学家的工作写照，钱三强为了能攻克难题，争分夺秒，合理利用一切用时间来实现自己的目标。平日的惜时苦读、工作只为人生价值的升华。钱三强能成为著名的科学家靠的不是聪明的脑子，而是靠节约时间和积极利用时间。

◎史海撷英

钱三强的爱国情结

1948年5月，钱三强和夫人何泽慧抱着刚半岁的女儿，带着丰硕的科研成果，带着导师的重托和法国同行的深情厚谊，离开了巴黎回国。他还随身带着一份珍贵的文件，这就是导师给钱三强在法国学习与工作的鉴定。

鉴定是这样写的："钱先生表现出科研人员所具有的特殊素质，在我们共事期间，他的这些素质又进一步得到加强。他已完成了大量的研究工作，其中有些是非常重要的。他心智敏慧，对科学既有满腔热忱，又有首创精神。我们可以毫不夸张地说，在我们实验室学习并在我们领导下工作的同一代科学家中，他是最优秀的。我们曾委托他领导几批研究人员，他用自己的才华出色地完成了这项困难的任务，并受他的法国和外国学生的爱戴。""我们的国家对于钱先生的才干业已承认，并先后赋予他重任，先是任命他为国家科学研究中心的研究员，接着又聘任他为研究导师。他同时也是法兰西科学奖的获得者。""钱先生还是一位优秀的组织者，他具备了研究组织工作的领导者所特有的精神、科学和技术素质。"

1948年夏，钱三强带着法国朋友的友谊和祖国人民的殷切期望，回到阔别了11年的祖国，迈上了新的里程。

ZHONGHUACHUANTONGMEIDEBAIZIJING
中华传统美德百字经

竞·与时竞驰

第二篇

勤奋惜时学习

吕蒙手不释卷

◎一分时间，一分成果。对科学工作者来说，就不是一天八小时，而是寸阴必珍，寸阳必争！——童第周

吕蒙（约180—约221年），字子明。汝南富陂人。三国时东吴名将。少年时依附姊夫邓当，随孙策为将，以胆气称，累封别部司马。孙权统事后，渐受重用，从破黄祖作先登，封横野中郎将。从围曹仁于南郡，并于濡须数御曹军，屡献奇计，累功拜庐江太守。在军旅之时，在孙权的劝说下发愤读书，深为孙权、鲁肃所依赖。后进占荆南三郡，计擒郝普，于合淝战奋勇抵抗魏军追袭，以功除左护军、虎威将军。又后上代鲁肃守陆口，设计袭取荆州，击败蜀汉名将关羽，拜南郡太守，封孱陵侯，受勋殊隆。然而"蒙疾发"（《三国志·吴书·吕蒙传》），不治而薨，享年42岁。

　　吕蒙是三国时东吴的一员大将，他从小食不果腹，没有念过几天书。但从军后，冲锋陷阵，屡立战功，可由于没有文化，却无法记录成功的战例。

　　有一天，吴主孙权对吕蒙说："你现在是一员大将，掌权管事，更应该好好地读一些书，增长自己的才干。"

　　吕蒙一听主公要他学习，便为难地推托说："军队里的事情又多又杂，都要我亲自过问，恐怕挤不出时间来读书啊！"

　　孙权说："你的事情总没有我多吧？我并不是要你去研究学问，当专家，而只是要你翻阅一些古书，从中得到一些启发罢了。你很聪明，更应该读些书。"

　　吕蒙问："可我不知道应该去读哪些书？"

　　孙权听了，微笑着说："你可以先读些《孙子》、《六韬》等兵法书，

然后再读些《左传》、《史记》等历史书,这些书对于以后带兵打仗很有好处。"

过了一会儿,孙权又说:"时间嘛,要自己去挤。从前汉光武帝在行军作战的紧张关头,手里还总是拿着一本书不肯放下来呢!你们年轻人更应该忙中偷闲多读点书。"

吕蒙听了孙权的话,回去便开始读书学习,坚持不懈。同时他还研究评论书中的一些观点,这样他的见解也越来越精辟,有时连当时那些学识渊博的人也自叹不如了。

吕蒙通过一段时间学习后,和鲁肃共同成为吴国的重要将领。

◎故事感悟

孙权说得对,时间是要自己去挤的,这就如鲁迅的那句话:"时间,是海绵里的水,只要去挤,就一定会有的。"

◎史海撷英

孙权克黄祖

建安十三年(208年),孙权采纳将军甘宁建议,发兵进攻夏口(今湖北武汉境),吕蒙随军出征。江夏郡太守黄祖下令用蒙冲战舰封锁沔口(汉水入长江口),用大棕绳系巨石为锥以固定舰位,上有千余人用弓弩交射,封锁江面,吴军进攻受阻。孙权命偏将军董袭、司马凌统各率百人敢死队,身穿重铠,乘大船冲抵蒙冲舰旁,董袭挥刀砍断棕绳,战舰顺水飘流,孙权军遂溯流而进。黄祖见孙权兵来,急派水军都督陈就率兵反击,吕蒙统率前锋部队,身先战阵,亲自斩杀陈就。孙军乘胜水陆并进,包围夏口城。孙权督军猛攻,克其城,并屠之。黄祖只身逃窜,被骑士冯则追斩。此战,孙权大获全胜,一举歼灭宿敌黄祖,占领江夏地区。战后论功,孙权认为:"事之克,由陈就先获也。"(《三国志·吴书·吕蒙传》)任命吕蒙为横野中郎将,并赐钱千万。

◎文苑拾萃

吴·吕蒙

（唐）孙元晏

幼小家贫实可哀，愿征行去志难回。
不探虎穴求身达，争得人间富贵来。

咏史下·吕蒙

（宋）陈普

刘葛无成痛古今，白衣摇橹阱何深。
吕蒙公瑾俱无禄，汉室犹关造化心。

衣襟划破功自成

◎志士惜年，贤人惜日，圣人惜时。——魏源

> 王羲之（303—361年），东晋书法家。字逸少，号澹斋。祖籍琅琊临沂（今属山东），后迁会稽（今浙江绍兴），晚年隐居剡县金庭。中国东晋书法家，有书圣之称。历任秘书郎、宁远将军、江州刺史，后为会稽内史，领右将军，人称"王右军"、"王会稽"。其子王献之书法亦佳，世人合称为"二王"。

　　东晋时代的王羲之，是我国历史上著名书法家，人们称赞他写的字是"飘若浮云"、"矫若惊龙"。在当时，他享有"书圣"的称号。

　　王羲之成为一个书法家，是靠勤学苦练出来的。据说，他曾在浙江绍兴兰亭池"临池学书"，夜以继日，废寝忘食地苦学各家书法。因他经常到池边涮笔，竟使一池清水变成了黑色。他常常在休息或睡觉的时候，细心揣摩字体的间架、结构和气势，心里想着，手指便在衣襟上画，时间一久，连衣襟都被划破了。

◎故事感悟

　　王羲之的勤奋可谓是持之以恒、不分昼夜啊！由于刻苦练字，锲而不舍，所以他的书法艺术才达到炉火纯青的程度。

◎史海撷英

王羲之的书法造诣

王羲之志存高远，富于创造。他学钟繇，自能融化。钟书尚翻，真书亦具分势，用笔尚外拓，有飞鸟骞腾之势，所谓钟家隼尾波。王羲之心仪手追，但易翻为曲，减去分势。用笔尚内抵，不折而用转，所谓右军"一搨瑾直下"。他学张芝也是自出机杼。唐代张怀耿曾在《书断》中指出这一点："剖析张公之草，而浓纤折衷，乃愧其精熟；损益钟君之隶，虽运用增华，而古雅不逮，至研精体势，则无所不工。"王羲之对张芝草书"剖析"、"折衷"，对钟繇隶书"损益"、"运用"，对这两位书学大师都能"研精体势"。沈尹默称扬道：王羲之不曾在前人脚下盘泥，依样画着葫芦，而是要运用自己的心手，使古人为我服务，不泥于古，不背乎今。他把平生从博览所得秦汉篆隶的各种不同笔法妙用，悉数融入于真行草体中去，遂形成了他那个时代最佳体势，推陈出新，更为后代开辟了新的天地。这是王羲之"兼撮众法，备成一家"因而受人推崇的缘故。

◎文苑拾萃

王羲之传论

书契之兴，肇乎中古，绳文鸟迹，不足可观。末代古朴归华，舒笺点翰，争相夸尚，竞其工拙。伯英临池之妙，无复与踪；师宜悬帐之奇，罕有遗迹。逮乎钟、王以降，略可言焉。钟繇擅美一时，亦为迥绝，论其尽善，或有所疑。至于布纤浓、分疏密，霞舒云卷，无所间然。但其体则古而不今，字则长而逾制，语其大量，以此为瑕。献之虽有父风，殊非新巧。观其字势疏瘦，如隆冬之枯树；览其笔踪拘束，若严家之饿隶。其枯树也，虽搓挤而无屈伸；其饿隶也，则羁羸而不放纵。兼斯二者，固翰墨之病欤！子云近世擅名江表，然仅得成书，无丈夫之气。行行若萦春蚓，字字如绾秋蛇，卧王蒙于纸中，坐徐偃于笔下；虽秃千兔之翰，聚无一毫之筋；穷万谷之皮，敛无半分之骨。以兹播美，非其溢名耶？此数子者，皆誉过其实。所以详察古今，研精篆、隶，尽善尽美，其惟王逸少乎！观其点曳之工，裁成之妙，烟霏露结，状若断而还连；凤翥龙蟠，势如斜而反直。玩之不觉为倦，览之莫识其端。心摹手追，此人而已。其余区区之类，何足论哉！

陶渊明教化少年"日有所长"

◎少壮及时宜努力，老大无堪还可憎。——欧阳修

> 陶渊明（约365—427年），字元亮，号五柳先生，谥号靖节先生，入刘宋后改名潜。东晋末期南朝宋初期诗人、文学家、辞赋家、散文家。东晋浔阳柴桑（今江西省九江市）人。曾做过几年小官，后辞官回家，从此隐居。田园生活是陶渊明诗的主要题材，相关作品有《饮酒》《归园田居》《桃花源记》《五柳先生传》《归去来兮辞》《桃花源诗》等。

陶渊明是东晋时代的著名诗人。他出身于没落的官僚地主家庭，曾任江州祭酒、镇军、建威参军和彭泽令等官职。因不满当时士族地主把持政权的黑暗现实，弃官归隐。他长于诗文辞赋，诗多描写自然风光和农村生活情景，也有些作品隐喻着他对腐朽统治集团的憎恶和不同流合污的精神。他的作品兼有平淡和爽朗的艺术风格，语言质朴自然，而又极为精炼。他的散文名作，如《归去来辞》和《桃花源记》，千百年来一直脍炙人口。

陶渊明退归田园后，乡邻中有个读书少年来向他求教，开始是毕恭毕敬地施了礼，然后诚恳地说："老先生，我非常敬佩您的渊博学识，不知您在少年读书学习时，有什么妙法？小辈愿听指教。"

陶渊明一听面前的少年是来向他讨学习妙法的，觉得很幼稚可笑，便仰面捋须哈哈大笑："天下哪有什么学习妙法？真是荒唐，荒唐！"

但他突然收住了笑声，心中很有些歉疚，觉得作为一位前辈长者，对晚辈后生应当循循善诱，哪能耻笑他们呢！于是，他严肃地对少年说："学习是绝无

妙法的，而只有笨法，常言道，'书山有路勤为径'，勤学则进，辍学则退呀！"

那少年听了，似懂非懂，仍然不甚明白。陶渊明便拉着少年的手，来到他亲手耕种的那块稻田旁边，指着一棵尺把高的禾苗说："你蹲在禾苗前，聚精会神地瞧一瞧，它现在是不是在长高呢？"

少年便蹲下身子，目不转睛地瞧着，可是直到盯得眼睛酸痛了，那禾苗仍然和原来一样，一点也不见长高。他站起来对陶渊明说："没见长啊！"

陶渊明反问道："真是没见长吗？那么，春起的苗芽又是怎样变成这尺把高的呢？"

少年摇摇头，回答不出来。陶渊明便耐心地启发诱导说："这禾苗是每时每刻都在生长啊！可是我们的肉眼察觉不到。读书学习也是同样道理，知识的增长，也是一点一滴地积累起来的，有时连自己也察觉不到。但只要持之以恒，勤学不已，就会由知道很少逐渐变为知道很多。所以有人说：'勤学如春起之苗，不见其增，日有所长'，讲的就是这个道理。"

陶渊明讲完，又指着溪边一块大磨石问道："你再看看那块磨石，为什么会出现像马鞍模样的凹面呢？"

少年随口答道："那是磨损的。"

"那你可曾见过，它是哪一天被磨损成这样的呢？"

少年想了一想，说："不曾见过。"

陶渊明又因势利导地说："这是农夫们天天在它上面磨刀、磨镰、磨锄，日积月累，年复一年地磨损的，绝不是一天之功啊！"

少年心想，老先生讲这磨石，有什么用意呢？陶渊明看出了少年心中所想，便接着说："从这磨石，我们也可以悟出另一个学习的道理来，这就是'辍学如磨刀之石，不见其损，日有所亏'。学习一旦间断停止，所学的知识就会在不知不觉中慢慢忘掉！"

听了这一席话，少年恍然大悟，完全明白了"勤学则进，辍学则退"的道理，连忙叩首拜谢："多谢老先生指教，小辈再不敢妄想什么学习妙法了。"说完，他诚心实意地请陶渊明给他题词留念。陶渊明高兴地拿起笔来，一挥而就，只见写道：勤学如春起之苗，不见其增，日有所长；辍学如磨刀之石，不见其损，日有所亏。

◎故事感悟

是啊，只有勤奋，才能"日有所长"！学习是没有捷径的，我们要珍惜一点一滴时间去抓紧学习，不要等到一事无成之时才追悔莫及。

◎史海撷英

陶渊明晚年嗜酒

陶渊明的晚年，生活愈来愈贫困。有的朋友主动送钱周济他，有时，他也不免上门请求借贷。他的老朋友颜延之，于刘宋少帝景平元年（423年）任始安郡太守，经过浔阳，每天都到他家饮酒。临走时，留下两万钱，他全部送到酒家，陆续饮酒。

不过，他的求贷或接受周济是有原则的。宋文帝元嘉元年（424年），江州刺史檀道济亲自到他家访问。这时，他又病又饿好些天，起不了床。檀道济劝他："贤者在世，天下无道则隐，有道则至。今子生文明之世，奈何自苦如此？"他说："潜也何敢望贤，志不及也。"檀道济馈以粱肉，被他挥而去之。他辞官回乡22年，一直过着贫困的田园生活，而固穷守节的志趣，老而益坚。元嘉四年（427年）九月中旬神志还清醒的时候，他给自己写了《拟挽歌辞三首》，在第三首诗中末两句说："死去何所道，托体同山阿"，表明他对死亡看得那样平淡自然。

◎文苑拾萃

和郭主簿二首

（东晋）陶渊明

（其一）

蔼蔼堂前林，中夏贮清阴。

凯风因时来，回飙开我襟。

息交游闲业，卧起弄书琴。

园蔬有余滋，旧谷犹储今。

营己良有极，过足非所钦。

春秫作美酒，酒熟吾自斟。

弱子戏我侧，学语未成音。

此事真复乐，聊用忘华簪。

遥遥望白云，怀古一何深。

（其二）

和泽周三春，清凉素秋节。

露凝无游氛，天高肃景澈。

陵岑耸逸峰，遥瞻皆奇绝。

芳菊开林耀，青松冠岩列。

怀此贞秀姿，卓为霜下杰。

衔觞念幽人，千载抚尔诀。

检素不获展，厌厌竟良月。

沈攸之晚年嗜读书

◎志士嗟日短，愁人知夜长。——陈毅

> 沈攸之（？—478年），字仲达。吴兴武康（今浙江德清武康镇）人。南北朝时期
> 为宋朝大将。沈攸之少孤，家境贫寒，父亲沈叔仁是宋朝名将沈庆之的兄长，曾为衡
> 阳王刘义季的征西长史，兼行参军、领队。又随刘义季镇彭城，度征北府。

南北朝时期，宋朝有一个人叫沈攸之，字仲达，在前废帝（刘子业）景和元年（465年）任豫章王刘子尚车骑中兵参军，封为东兴县侯，食邑五百户，不久又升迁为右军将军，增加食邑百户。

但是，这时宋朝已进入多事之秋，朝廷陷入骨肉相残、君臣互相猜忌的混乱中。到宋明帝时，混乱更加厉害，除了宋明帝自己的儿子，其余残存的诸弟（宋文帝子）和诸侄（宋孝武帝子）差不多全被杀绝。被猜忌的文武大臣，有的被杀，有的带城镇投降魏国。

472年，宋明帝去世，子苍梧王继位，这时内乱更是愈演愈烈。479年，萧道成灭掉宋朝，建立齐朝。

在这种混乱的政治背景下，沈攸之时而受信任，时而遭排挤；时而飞黄腾达，时而一落千丈；时而被称作忠臣，时而又被叫做逆贼。于是，他对仕途完全绝望了。

沈攸之晚年喜好读书，手不释卷，《史记》、《汉书》中记载的史实，他都烂熟于心。他常常感叹地说："早知贫穷和发达是上天安排的，为什么不长期埋头经学，认真钻研学问呢？"

◎故事感悟

俗话说："活到老学到老。"沈攸之晚年仍旧喜好读书，这种勤于学习、珍惜时间的精神值得学习。

◎史海撷英

沈攸之入伍

元嘉二十七年（450年），宋文帝得悉魏诛杀谋臣崔浩，又见河道通畅，柔然遣使远来，誓为犄角，便趁机伐魏。十月，魏太武帝拓跋焘下令魏军反攻，宋军全线溃败。十二月，魏军进至瓜步山（今江苏六合东南），扬言渡江直捣建康。建康城内外戒严，凡户见丁，悉征入伍，王公以下子弟皆从役。沈攸之所在的三吴（吴郡、吴兴、会稽）也征兵入伍，沈攸之便在这样的背景下应征入伍。至建康后，他去拜见领军将军刘遵考，请求让他做白丁队主。刘遵考见沈攸之相貌丑陋，便说："君形陋，不堪队主"（《宋书·沈攸之列传》）。沈攸之叹息道："昔孟尝君身长六尺为齐相，今求士取肥大者哉"（《南史·沈攸之列传》）。从此，便随沈庆之征讨。

◎文苑拾萃

落日怅望

（南北朝）谢朓

昧旦多纷喧，日晏未遑舍。

落日余清阴，高枕东窗下。

寒槐渐如束，秋菊行当把。

借问此何时，凉风怀朔马。

已伤归暮客，复思离居者。

情嗜幸非多，案牍偏为寡。

既乏琅邪政，方憩洛阳社。

沈约织帘诵书

◎事在人为：一年可以等于二年、三年，例如每天用十七八小时读书；反之，二三年也可以等于一年，甚至比一年还少，例如每天只用五六小时以下读书，我决心每天用十六到十八小时翻阅中国历代文集。——蔡尚思

> 沈约（441—513年），字休文。吴兴武康（今浙江湖州德清）人。南朝史学家、文学家。出身于门阀士族家庭，历史上有所谓"江东之豪，莫强周、沈"的说法，家族社会地位显赫。祖父沈林子，宋征虏将军；父亲沈璞，宋淮南太守，于元嘉末年被诛。沈约孤贫流离，笃志好学，博通群籍，擅长诗文，历仕宋、齐、梁三朝。在宋仕记室参军、尚书度支郎。著有《晋书》《宋书》《齐纪》《高祖纪》《迩言》《谥例》《宋文章志》，并撰《四声谱》。作品除《宋书》外，多已亡佚。

　　我国古代诗歌，在汉魏时是用词造句比较自由的"古体诗"；隋唐以后，就形成了一种格律严整的"近体诗"，也叫格律诗。格律诗不但讲究对仗、押韵，而且每个字都要做到平仄协调。写诗的人首先必须分辨每个字读音上的"平、上、去、入"四声，如某字平声，某字去声，某字可平可仄，不知"四声"根本不能写格律诗。"四声"的总结者和把"四声"应用到诗歌创作中的人，就是南朝齐梁时代的文坛领袖、著名的文学家沈约。

　　沈约出生在世代官宦之家。他父亲曾在刘宋文帝时代任过淮南太守，因罪被杀，当时沈约才12岁。

　　少年丧父，家产被抄光，沈约和母亲还要因父亲的事受牵连治罪。没办法，母亲只好带着沈约离乡背井，逃往异地，常常在深山荒野的破庙古寺中安身。

　　"儿啊，我们孤儿寡母二人，今后可怎么生存啊？"母亲流着泪说。

　　"娘，放心吧！悲惨的日子总会过去，我要发愤读书，成为一个有作为的

人。"沈约既是安慰，又下保证地说。

沈约是有志气的人。他想方设法借来书籍，在古庙中夜以继日，废寝忘食地苦读，不懂的地方就虚心向有知识的香客请教，自己又苦苦地琢磨。

沈约本来生得就很瘦小，没日没夜地用功，使他眼眶下陷了，下巴更尖了。

慈祥的母亲既希望儿子能出人头地，又担心儿子的健康。她常常劝沈约说："孩子，这样学习不行，你会搞垮自己的身体的。"

"娘，比起苏秦悬梁刺股、匡衡凿壁偷光来，我的劲头远不如他们呢。况且这里灯油点不完，香客们都会来捐助的。"沈约固执地说。

母亲听了这话后伤心地哭了，她心疼地说："不能这样。你白天读了一整天，晚上至多只能读两个时辰。娘给你规定好：每夜以一盏油为限，油尽灯灭，你必须休息！"

为了不让母亲再为自己担心，沈约听从了母亲的话，从此每晚灯油点尽后，就上床睡觉。

母亲还不放心，经常悄悄地抽去一小勺油，使灯早些熄灭，好让儿子及早休息。

渐渐地，沈约终于发现了母亲"做手脚"的秘密，他深知母亲的爱子之心，也没去揭穿。上床的时间早了，沈约就在黑暗中回忆白天读过的书。久而久之，他练成了极好的记忆力，白天读过的书，夜里大致都能背出来。这样日积月累，沈约知识大大丰富了，并写得一手漂亮的文章。

几年后，朝廷得知沈约母子流浪在外的消息后，便颁布了特赦令，沈约和母亲这时才得以堂堂正正地生活。

流浪的生活虽然结束了，但生活却日趋困难，家里终年缺吃少穿。因此，沈约便靠种地来维持生活。农闲时也要忙些副业生产，织些竹帘卖钱补贴家用。

沈约平日到田里干活时便将书带上，边劳动，边读书。就是在他织竹帘的时候，也将书放在身旁翻倒的竹筐上，琅琅地读着。时间久了，人们见他手不停口不息的样子，便给他取了个绰号，叫"织帘先生"。

沈约就这样刻苦用功30多年，终于成为一个学识渊博的人。

在他60多岁那年，家里不幸发生了火灾，把他几十年抄写和收藏的几千卷书全都烧光了。但是，他并不灰心，决心从头做起。于是，他每天晚上在油灯下勤奋抄书。经过几年的努力，结果又抄成了两三千卷书，装满了十几箱，并又写了数十卷书，其中《宋书》成为我国断代"正史"，列为二十四史之一。

◎故事感悟

沈约的生活虽然艰苦，劳动也十分忙碌，但他坚持勤学不倦，值得敬佩！

◎史海撷英

沈约瘦腰

沈约从少年时代起就很用功读书，白天读的书夜间一定要温习。母亲担心他的身体支持不了这样刻苦的学习，常常减少他的灯油，早早撤去供他取暖的火。青年时期的沈约，已经"博通群籍"，写得一手好文章，并且对史学产生了浓厚的兴趣。他从二十几岁的时候起，用了整整20年时间，终于写成一部晋史。可惜，这部晋史没有能够流传下来。

沈约暮年，身体消瘦。著名词人李煜词中有"沈腰潘鬓消磨"一句，指的便是沈约。后来，明代诗人夏完淳也有"酒杯千古思陶令，腰带三围恨沈郎"之诗句，这个细腰男子指的也即沈约。

深夜燃烛读书

◎白日去如箭，达者惜今阳。——朱敦儒

吕思礼（？—538年），东平寿张人。好学有文才，手不释卷。性温润不杂交游。19岁举秀才，对策高第，除相州功曹参军。葛荣围邺，吕思礼有守御功，赐爵平陆县伯。文帝即位，累迁都官尚书。从擒窦泰，晋爵为侯。吕思礼好学有才，虽务军国，而手不释卷。夜读书，令苍头执烛，烬数升。沙苑之捷，命为露布，食顷而成。大统中，以谤讪朝政，赐死。吕思礼所作碑、诔、表、颂，并传于世。

吕思礼一生以学为本，文才过人。入仕从政以后，他居于高位，身兼文武，军政事务应接不暇。但他始终保持着年轻时刻苦学习的好习惯，一面料理政事，一面以空隙时间读书，不论到哪儿，他都是书不离手。

因为他能不断学习新知识来充实和提高自己，他才得以在军政事务的管理中条理分明，还能从书中的道理中得到借鉴。吕思礼政务繁忙，他往往是白天理政，晚上读书。

他晚上读书时还有个习惯，就是让随员事先准备些蜡烛，放在书案旁边。读书时，蜡烛燃尽了一支，就再换上一支，每天晚上都要烧许多蜡烛。每当他深夜读书过后，"烛烬夜有数升"。

吕思礼还以"昼理政事夜读书"的精神著书立说。由于他勤学多才，思路敏捷，文笔流畅，写个奏章、文告什么的，往往都是一挥而就，从不用打草稿，连皇帝都"叹其工且速"。他写的碑、诔、表、颂等文章，因为立意高，文笔好，在当时都很有名气。

大统四年（538年），吕思礼以诽谤朝政的罪名被赐死。事后，北周文帝宇文泰又感到很后悔，便为他立碑记事，并追封定州刺史。

◎故事感悟

吕思礼抓紧时间"夜读书"，不断学习，不断提高自己，这种学习的精神值得提倡。

◎文苑拾萃

周五声调曲·角调曲

（南北朝）庾信

匡赞之士或从渔钓。云雨之才乍叹幽谷。

寻芳者追深径之兰。识韵者探穷山之竹。

克明其德贡以三事。树之风声言于九牧。

协用五纪风若从事。农用八政甘作其穀。

殊风共轨见之周南。异亩同颖闻之康叔。

祁寒暑雨是无胥怨。天覆云油滋焉渗漉。

幸无谢上古之淳人。庶可以封之于比屋。

太白崖的故事

◎少年辛苦终身事，莫向光阴惰寸功。——杜荀鹤

> 李白（701—762年），字太白，号青莲居士，又号"谪仙人"。唐朝诗人，有"诗仙"、"诗侠"之称。祖籍陇西郡成纪县（今甘肃省平凉市静宁县南），出生于蜀郡绵州昌隆县（今四川省江油市青莲乡），另有说法称出生于西域碎叶（今吉尔吉斯斯坦托克马克）。有《李太白集》传世，代表作有《望庐山瀑布》、《行路难》、《蜀道难》、《将进酒》、《梁甫吟》、《早发白帝城》等多首。

唐朝开元十一年（723年）间，年轻的李白在蜀中已经相当有名了。他渊博的学识赢得了许多人的尊敬。但他并没有满足，经常外出寻师访友，游览名山胜地，观察大自然的美丽景色，来开阔眼界，丰富知识，提高艺术素养。

这年刚立春不久，李白带着书童，身佩宝剑，从绵州来到万县。

一住下，李白就向人们打听这里谁的学问高、谁藏的书多等情况，并不辞路远，常常去拜访一些饱学之士。李白怀着谦虚求知的心情，从一些有学问的人们那里学到了不少东西，也得到了不少罕见的书籍。

李白得到书后，如获至宝，拿回客栈如饥似渴地学习，经常读到很晚。尽管这样，他还是不满足，认为住在客栈里往来客人较多，影响他的学习，很想找一个安静的环境用心读书。

一天，李白散步来到一座山下，看见山的四周都是陡壁，只有一条能过一人的石梯，斜着向山顶伸去。李白看了一会儿，就试着用手扶着石壁，慢慢地向上爬去……李白听书童在下面喊他："相公，快下来，危险呢！"就往

下一望，不看则罢，一看只觉心头发慌，两脚无力……

李白回到客栈，一夜不能入睡，隔壁间又不时地传出一两声吵骂。李白想，这里如此不安静，怎能很好学习呢！那山上路很难走，必定没有多少人上去。如果能在上面找一个适当的地方学习，那真是太好了！

第二天一早，李白又来到山下，决心一定要上去。当他将要上到山顶时，看见有一块平台，他端详了一会儿，非常满意：要是在这里结庐读书，连上下的游山行人都不会影响的。李白就叫书童请人在这半山腰上搭起草庐，然后把所有书籍、行李都搬到这里，认真攻读……

通过一段时间的刻苦学习，李白读完了所带的书籍，知识更加渊博了。这时，天也开始转凉了，李白因离家日久，便想归去，于是，就下山来，辞别了老师、朋友，离开万县回家去了。

后来，当地人们为了纪念李白这位伟大的诗人和他那种刻苦自学的精神，就把这座山改名为"太白崖"，并在山下建立了一所书院，取名"白崖书院"，老师们经常用李白刻苦勤学的精神鼓励学生努力学习。

至今，每当春暖花开、风和日丽的时节，仍然有不少的青年、学生成群结队地到这里游玩，凭吊伟大的诗人李白……

◎故事感悟

　　李白是我国唐代著名的大诗人，但就是这样一位大诗人，在作诗过程中也在不断地学习。他丰富的经历和他对读书的渴求，成就了他的一番事业。他与时竞驰的精神值得我们学习！

◎史海撷英

赐金放还

　　天宝元年（742），由于玉真公主和贺知章的交口称赞，唐玄宗看了李白的诗赋，对其十分仰慕，便召李白进宫。李白进宫朝见那天，玄宗降辇步迎，"以七

宝床赐食于前，亲手调羹"。玄宗问到一些当世事务，李白凭半生饱学及长期对社会的观察，胸有成竹，对答如流。玄宗大为赞赏，随即令李白供奉翰林，职务是草拟文告，陪侍皇帝左右。玄宗每有宴请或郊游，必命李白侍从，利用他敏捷的诗才，赋诗纪实，虽非记功，也将其文字流传后世，以盛况向后人夸示。李白受到玄宗如此的宠信，同僚不胜艳羡，但也有人因此而产生了嫉恨之心。

在长安时，李白除了供奉翰林、陪侍君王之外，也经常在长安市上行走。他发现国家在繁荣的景象中，正蕴藏着深重的危机，那便是最能够接近皇帝的专横的宦官和骄纵的外戚。他们如乌云一般笼罩着长安，笼罩着中国，给李白以强烈的压抑感。与此同时，李白放浪形骸的行为又被翰林学士张坦所诽谤，两人之间产生了一些嫌隙。

朝政的腐败、同僚的诋毁，使李白不胜感慨。他写了一首《翰林读书言怀呈集贤诸学士》表示有意归山。谁料就在此时，他倒被赐金放还，这似乎令李白感到非常意外。这次被赐金放还可能是李白说了不合时宜的话。

◎文苑拾萃

清平调

（唐）李白

云想衣裳花想容，春风拂槛露华浓。
若非群玉山头见，会向瑶台月下逢。

一枝红艳露凝香，云雨巫山枉断肠。
借问汉宫谁得似，可怜飞燕倚新妆。

名花倾国两相欢，常得君王带笑看。
解得春风无限恨，沈香亭北倚阑干。

十岁阅书两千卷

◎年年岁岁花相似，岁岁年年人不同。——刘希夷

> 韦述（生卒年不详），京兆人。开元中，诏马怀素编次图书。乃奏用元行冲、齐浣、王珣、吴兢并述等26人，同于秘阁详录4部书，5年而成。述好谱学，又于柳冲《姓族系录》外，撰《开元谱》20卷。张说引为集贤院直学士，累迁尚书工部侍郎。在书府40年，居史职20年。勒成国史，事简记详。萧颖士以为谯周、陈寿之流。后陷贼，流渝州卒。诗四首。

韦述是唐朝有名的学者、史学家，曾撰定唐朝《国史》112卷，当时学者萧颖士把他与《三国志》的作者、史学家陈寿相提并论。

韦述的父亲韦景骏曾任房州刺史，也是个学者，家中藏书十分丰富。韦述童年时代就养成了勤奋好学的良好习惯，还不到10岁的年纪，父亲珍藏的两千多卷书籍他已经读得烂熟。景龙年间，韦景骏调任为肥乡县令，全家也搬到肥乡县。当时名望很高的学者元行仲是韦述的表兄，正任州刺史，肥乡县在其辖区之内，因此两家来往比较密切。韦述经常到元行仲家里去，去了之后就钻进元行仲的书房里废寝忘食地阅读，有时一直阅读到晚上也不出门。

元行仲虽然是他的表兄，但两家是远房亲戚，他的年纪可比韦述大得多了。他看到这个小表弟这样好学非常高兴。

有一次，韦述又来到元行仲家看书，元行仲就和他攀谈起来。一经谈话，他才发现别看韦述年纪小，学问可不小，经籍史书他都通晓，随便提起历史上的某段史实，韦述都了如指掌，对《五经》也造诣很深，议论起来，见解

精到，简直不亚于当时第一流的学者。元行仲又试着让他写文章，韦述提起笔来一篇千字文章竟一气呵成。元行仲十分惊喜，晚上就留下这个小表弟与自己睡在一起。

经过元行仲的指导，韦述有了长足的进步。过了几年，韦述就进京参加科考。那年，恰好著名的学者诗人宋之问做主考官。宋之问见韦述又矮又小完全是个孩子，感到很惊奇，就对他说："韦学士，我看你也不过是十几岁的年纪，学业上有什么成就啊？"韦述毫不迟疑地回答说："我正撰写唐史，现在已经完成了30卷。至于策论与文章水平，那你等着考试完毕看结果吧！"宋之问笑着说，本来朝廷要选拔优异的人才，想不到却招来了司马迁、班固这样的天才。经过科考，韦述果然中了进士。

开元五年（717年），由栎阳尉秘书监马怀素负责组织元行冲、王珣、吴兢等26位学者整理编写国家图书馆藏书目录，韦述也成为其中的一员。在整理图书的工作中，韦述仍保持着他勤奋好学的习惯。当时学者柳冲先整理完了200卷《姓族系录》的目录，韦述对谱系学非常感兴趣，于是白天在秘书阁完成自己所分担的任务，晚上就把《姓族系录》抄写完毕。这时他已经成了研究姓氏源流的专家，不但详尽掌握了中国的姓氏源流，而且还在研究古代姓氏演变的《姓族系录》一书的基础上又编写出研究姓氏谱系的《开元谱》20卷，丰富并发展了谱系学。他严谨治学的精神受到同僚的一致赞扬，并因而被晋升为学士。

《旧唐书》记载：韦述一生"在书府四十年，居史职二十年"，40年中"嗜学着书，手不释卷"。唐朝时很多学者都想撰写出一部国史，著述《唐史》的工作早在令狐德棻开始，直到与韦述同时代的学者吴兢为止，历经多少学者修撰都未完成，而韦述穷尽毕生精力，搜集素材，汇编撰写，终于完成《唐史》120卷。韦述撰写《唐史》材料翔实，文笔流畅，言简意赅，的确不愧为宋之问所说的是"迁、固"之才。后来安禄山叛乱，京城被攻陷，长安一片火海。在火海中，韦述抢救出《唐史》，它成为以后张昭远等撰写《旧唐书》以及欧阳修撰写《新唐书》的重要参考资料之一。

◎故事感悟

　　韦述为中华民族文化的传播与发展做出了不可磨灭的贡献，但他那种与时竞驰的学习态度更值得我们景仰！

◎史海撷英

唐玄宗革新吏治

　　唐玄宗不仅慧眼识贤相，还对吏治进行了整治，提高了官僚机构的办事效率。他采取了很多的有效措施：第一，精简机构，裁减多余官员，把武则天以来的许多无用的官员一律裁撤，不但提高了效率，也节省了政府支出；第二，确立严格的考核制度，加强对地方官吏的管理，在每年的十月，派按察使到各地巡查民情，纠举违法官吏，严惩不贷；第三，重新将谏官和史官参加宰相会议的制度予以恢复。这本是唐太宗时期的一种制度，让谏官和史官参与讨论国家大事，监督朝政。到了武则天主政之后，提拔了许敬宗和李义府等人做宰相，有的事不敢再公开，因此将这种制度也就废除了；第四，重视县令的任免。唐玄宗认为郡县的官员是国家治理的最前沿，和百姓直接打交道，代表了国家形象。所以，玄宗经常亲自出题考核县官，确切地了解这些县官是不是真正地称职，如果考试优秀，可以马上提拔；如果名不副实，也会马上遭到罢黜。

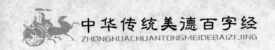

秃笔成冢的故事

◎三更灯火五更鸡，正是男儿读书时。黑发不知勤学早，白首方悔读书迟。——颜真卿

怀素（725—785年），唐时人。字藏真，僧名怀素，俗姓钱。永州零陵（湖南零陵）人。幼年好佛，出家为僧。他是书法史上领一代风骚的草书家，他的草书称为"狂草"，用笔圆劲有力，使转如环，奔放流畅，一气呵成，与唐代另一草书家张旭齐名，人称"张颠素狂"或"颠张醉素"。

几位邻村行人路过怀素的家门口，不禁吓了一大跳：房子旁边的空地上添了一座高高的新坟。

到底是谁死了呢？怎么没有听到噩耗呀？行人纳闷起来，可是仔细一瞧，又觉得有些不对头，坟前既没有上香烧纸，也不见物品供奉，大概坟里埋的不是死人吧？那埋的又是什么呢？行人更觉奇怪。

于是，他们将怀素喊出来，指着新坟问道："那是怎么回事？"

怀素听了笑着说："啊，你们问这个？里头埋的是一堆秃笔。"

秃笔？怀素怎么会有那么多的秃笔呢？

原来，怀素本是个书法爱好者，自幼就喜欢练字，那劲头大得惊人。他常常从早写到晚，忘记了吃饭，顾不上休息，可他从来都不觉得累。他感到苦恼的只是家里太穷，买不起纸张。往往正写到兴头上，却没有纸了，不得不停下笔来。这心情就像一位正在勇追穷寇的勇士，突然接到撤退的命令时一般难受。

一天，怀素又没有纸了，他颓丧地倚在门口发呆。忽然一阵微风吹过，传来一片"沙沙"的声音，这是房子周围的芭蕉树叶被风拂动时发出的声响。怀素的眼睛突然一亮，心里萌生了一个好主意：那芭蕉叶又阔又大，不正是很好的天然纸张么！

想到这里，他飞快地跑到芭蕉树下，摘了一片芭蕉叶，拿回家里提笔试试，果然成功。芭蕉叶可以当纸，这的确解决了怀素的一个大问题。

可是，天长日久，芭蕉叶也被怀素写光了，又面临着新的"纸张危机"。怀素想出了一个好办法来，他找了一块质地坚硬的木板，刨得平平整整的，涂上油漆，然后在板上写字。这木板有一个很大的优点，写完后用湿布一擦，又可重写。就这样写了擦，擦了写，年头一多，木板中间竟然被磨得凹了下去。

木板都写穿了，怀素写秃的笔更是不计其数。他写秃一支就往墙角一抛，这样一支一支的越积越多，堆得像座小山，最后，他就把这些秃笔埋了起来，取名叫"笔冢"。

怀素也爱喝酒，酒醉兴发，拿起笔来，遇见可以写字的地方，就奋笔疾书。因此，在他住的寺庙的墙壁上、用的器具上、自己穿的衣服上，都写满了字。他作过一首诗，描写自己写字的情景说："粉壁长廊数十间，兴来小豁胸中气，忽然绝叫两三声，满壁纵横千万字。"

怀素年轻的时候，跟一个叫邬彤的书法家学习书法。邬彤曾经向书法家张旭学过书法。怀素向邬彤学了一年多时间，书法有了很大进步，只是草书的竖划写出来总不理想。后来，他要辞别老师到别处去。临别的时候，邬彤对怀素说："万里之行，无以为赠，我有一件宝贝，愿意割爱给你。"

怀素早就听说邬彤珍藏了王羲之的三份书法真迹，是稀世之宝。怀素以为邬彤要把这件宝贝送给他，心中万分高兴。没想到上路的时候，邬彤只送了他一句话："要想写好草书，关键在于自己的心和力。"

怀素仔细琢磨这句话，觉得开了窍，他体会到老师的这件礼物，并不亚于王羲之的真迹。

怀素回乡后，牢记这心、力二字，勤奋不已，终于使自己的书法艺术达到了炉火纯青的地步。

◎故事感悟

怀素的"笔冢"恐怕早就无处觅寻了，但他那勤学苦练的精神，一直在影响着后世的书法家们。

◎史海撷英

"狂僧"怀素

怀素性情疏放，锐意草书，却无心修禅，更饮酒吃肉、交结名士，与李白、颜真卿等都有交游，以"狂草"名世。唐代文献中有关怀素的记载甚多，"运笔迅速，如骤雨旋风，飞动圆转，随手万变，而法度具备"。王公名流也都爱结交这个狂僧。唐任华有诗写道："狂僧前日动京华，朝骑王公大人马，暮宿王公大人家。谁不造素屏，谁不涂粉壁。粉壁摇晴光，素屏凝晓霜。待君挥洒兮不可弥忘，骏马迎来坐堂中，金盘盛酒竹叶香。十杯五杯不解意，百杯之后始颠狂……"前人评其狂草继承张旭又有新的发展，谓"以狂继颠"，并称"颠张醉素"，对后世影响极大。

瘦马锦囊凝新诗

◎光阴似箭催人老，日月如移越少年。——高明

> 李贺（790—816年），唐代著名诗人。汉族。河南福昌人。字长吉，世称李长吉、鬼才、诗鬼等，与李白、李商隐三人并称唐代"三李"。祖籍陇西，生于福昌县昌谷（今河南洛阳宜阳县）。一生愁苦多病，仅做过3年从九品微官奉礼郎，因病27岁卒。李贺是中唐浪漫主义诗人的代表，又是中唐到晚唐诗风转变期的重要人物。

　　唐朝著名青年诗人李贺，他父亲李晋肃是一个低级小官，但很重视家庭教育，在李贺4岁时，就教他读书识字；5岁时，又给他讲解诗文。李贺聪明早慧，又肯认真学习，所以进步很快，7岁就能写诗，在青少年时期就写下许多优秀诗篇，后人曾称他是"天纵奇才"，似乎他的才能是天生的。其实，李贺的诗是他呕心沥血的艺术结晶。

　　李贺从少年时代起就把全部心力倾注于诗歌创作。为了搜集创作素材，他经常吃过早饭就出门，骑上一匹瘦马，背着一只旧锦囊，外出游历，观察生活。每当他触景生情，偶有所得时，便立即把涌入脑中的诗句记在纸条上，然后投入锦囊中。晚上回到家里，他再把那些记有零星诗句的纸条一一掏出来，对着昏暗的油灯进行加工整理。他总是精心构思，反复琢磨，然后磨墨铺纸，写成一首首新奇瑰丽的诗篇。其母见他锦囊里竟有那么多纸条，总是埋怨说："这孩子要把心都呕出来才肯罢休啊！"

　　李贺从小身体瘦弱，母亲怕他累出病来，禁止他再这样呕心写诗。李贺总是笑着劝慰说："母亲放心，孩儿不会累病的。"吃过晚饭，他回到房里，

又继续写诗了。

李贺在《长歌续短歌》中写道："长歌破衣襟，短歌断白发。"为了写诗，衣襟磨破了，少年头发白了，这是他辛勤从事创作的写照。由于他平时注意深入实际观察生活，认真积累素材，所以他的诗构思新颖，想象丰富，意境奇丽，色彩浓郁，具有强烈的艺术感染力。他的诗句如"黑云压城城欲摧，甲光向日金鳞开"（《雁门太守行》），"衰兰送客咸阳道，天若有情天亦老"（《金铜仙人辞汉歌》）等，都是千古传诵的名句。

李贺的父亲死得早，家庭情况困窘。因为他父亲名叫晋肃，"晋"与进士的"进"同音，为避父讳，李贺不能参加进士考试，只做过奉礼郎那样的小官。

李贺一生抑郁不得志，只活了短短27年，却为后世留下233首诗歌，其中大多是名篇佳作。他的诗在艺术上善于熔铸词采，驰骋想象，具有浪漫主义色彩。

◎故事感悟

李贺在家庭困窘的情况下坚持珍惜时间勤奋学习，这种毅力值得称赞。

◎史海撷英

李贺创诗歌特色

李贺诗受楚辞、古乐府、齐梁宫体、李杜、韩愈等多方面影响，经自己熔铸、苦吟，形成非常独特的风格。李诗最大的特色，就是想象丰富奇特、语言瑰丽奇峭。长吉上访天河、游月宫；下论古今、探鬼魅，他的想象神奇瑰丽、旖旎绚烂。李贺刻意锤炼语言，造语奇隽，凝练峭拔，色彩浓丽，他的笔下有许多精警、奇峭而有独创性的语言，如"羲和敲日玻璃声"（《秦王饮酒》）、"银浦流云学水声"（《天上谣》）、"玉轮轧露湿团光"（《梦天》）等匪夷所思的奇语，比比皆是。可以说，尚"奇"是李贺所处的时代、特别是他的良师益友韩愈所代表的韩孟诗派共同的追求。他也有不少明快易懂的作品，如《勉爱行》、《感讽五首》其一、《京城》、《嘲少年》等。

◎文苑拾萃

白虎行

（唐）李贺

火乌日暗崩腾云，秦皇虎视苍生群。

烧书灭国无暇日，铸剑佩玦惟将军。

玉坛设醮思冲天，一世二世当万年。

烧丹未得不死药，拿舟海上寻神仙。

鲸鱼张鬐海波沸，耕人半作征人鬼。

雄豪猛焰烈烧空，无人为决天河水。

谁最苦兮谁最苦？报人义士深相许。

渐离击筑荆卿歌，荆卿把酒燕丹语。

剑如霜兮胆如铁，出燕城兮望秦月。

天授秦封祚未终，衮龙衣点荆卿血。

朱旗卓地白虎死，汉皇知是真天子。

范仲淹读书昼夜不歇

◎如果知道光阴的易逝而珍贵爱惜，不作无谓的伤感，并向着自己应做的事业去努力，尤其是青年时代一点也不把时光滥用，那我们可以武断地说将来必然是会成功的。——聂耳

范仲淹（989—1052年），字希文。苏州吴县（今属江苏）人。唐宰相范履冰之后，北宋著名的政治家、思想家、军事家和文学家。祖籍邠州（今陕西省彬县），后迁居苏州吴县（今江苏省吴县）。他为政清廉，体恤民情，刚直不阿，力主改革，屡遭奸佞诬谤，数度被贬。1052年（皇祐四年）五月二十日病逝于徐州，终年64岁。是年十二月葬于河南洛阳东南万安山，谥文正，封楚国公、魏国公。有《范文正公集》传世，通行有《四部丛刊》影明本，附《年谱》及《言行拾遗事录》等。

范仲淹的幼年生活是坎坷的。在他只有两岁的时候，父亲病故，母亲谢氏因家境贫寒无依无靠，就从徐州改嫁到山东淄州长山县（今山东邹平县东）朱家，范仲淹即冒姓朱，取名朱说。

幼年的范仲淹渐渐成人，他求学上进，肯于吃苦，朱氏养父家中虽然宽裕，他仍是不图享乐。据说，他年轻时在长山县境一个小寺庙中苦读了三年，这期间他常独伴孤灯，通宵达旦。

每日里饭食也异常简单，常常是加上两勺米煮上一锅粥，放在一边，经过一宿粥凝固后，就一分为四块，早晚各取两块，就着用十几根韭菜做成的咸菜汁下饭。三年的苦读，不仅大大增长了他的学识，也锻炼了他坚韧的性格和不屈的意志，经过这番磨炼，日后的范仲淹不仅怀有报国之志，更具备有效国之才，而且遇事宠辱不惊，意志坚定。

　　范仲淹长大后，知道了自己的身世，含着眼泪告别母亲，去应天府的南都学舍读书。他白天、深夜都认真读书。五年中，竟然没有一次脱去衣服上床睡觉，有时夜里感到昏昏欲睡，往往把水浇在脸上。范仲淹常常是白天苦读，什么也不吃，直到日头偏西才吃一点东西。就这样，他领悟了六经的主旨，后来又立下了造福天下的志向。他常常自己讲道："当先天下之忧而忧，后天下之乐而乐。"

　　范仲淹从小立下造福天下的宏志，并坚持简朴的生活习惯，不接受富家子弟的馈赠，以磨砺自己的意志。经过刻苦攻读，他终于成为了伟大的文学家和政治家。

◎故事感悟

　　儒学追求的境界：立德、立功、立言，这种境界在范仲淹的身上体现得淋漓尽致。自古英才出身贫贱，历代英雄不问出处，范仲淹的立志苦读，为后世农家子弟自强不息，树立了一座精神丰碑和楷模。

◎史海撷英

范仲淹写墓志铭

　　范仲淹曾给别人写墓志铭。当他写完封好，正准备寄走时，忽然想起说："不能不让尹师鲁看一看。"

　　第二天，他便把墓志铭交给尹师鲁过目。尹师鲁看后说："你的文章现在影响很大，后代人将会引用你的文章作根据，所以下笔不能不谨慎啊。现在你把转运史写成部刺史，把知州写成太守等汉代官名，的确是够清雅的了，但是现在已经没有这些官名了，后代必将因此产生疑惑，这正是引起庸俗的儒生们争论不休的原因啊。"范仲淹说："幸亏请你过目，不然，我差一点就失误了。"

驯鸥咏

（宋）范仲淹

万物有常性，性无不贵生。

风翔与骏奔，一一远害情。

鮌彼沙上鸥，皎皎霜雪明。

月宿沧洲静，日浴沧浪清。

何以狎溪人，溪人澹无营。

循循自饮啄，往往相逢迎。

徘徊两无猜，何慕复何惊。

客有怀依依，云水言将归。

逐尔群鸥乐，群鸥尔勿飞。

此心未忘者，天机非杀机。

晚学不晚

◎如果青春的时光在闲散中度过，那么回忆岁月将会是一场凄凉的悲剧。——张云可

苏洵（1009—1066年），北宋散文家。与其子苏轼、苏辙合称"三苏"，均被列入"唐宋八大家"。字明允，号老泉。眉州眉山（今属四川）人。应试不举，经韩琦荐任秘书省校书郎、文安县主簿。长于散文，尤擅政论，议论明畅，笔势雄健。有《嘉祐集》。据说27岁才发愤读书，经过十多年的闭门苦读，学业大进。仁宗嘉祐元年（1056年），他带领苏轼、苏辙到汴京，谒翰林学士欧阳修。后仁宗召他到舍人院参加考试，他推托有病，不肯应诏。嘉祐五年，任为秘书省校书郎。后与陈州项城（今属河南）县令姚辟同修礼书《太常因革礼》。书成不久，即去世，追赠光禄寺丞。

"苏老泉，二十七，始发奋，读书籍。"这是过去幼童启蒙读物《三字经》中的四句。这里说的苏老泉，就是北宋著名文学家、"唐宋八大家"之一的苏洵，他是苏轼的父亲。

苏洵少年时代不爱读书，二十几岁了，斗大的字识不了几箩筐。27岁那年，他幡然改悔，发誓说："天下有学问的人能做到的，我苏洵也一定能做到！"于是他痛下决心，立志发奋读书。

从此他不分寒暑，日夜苦读，果然才学大进。嘉祐初年，苏洵率二子（苏轼、苏辙）同赴京师，欧阳修读了他父子的文章大加赞赏，于是他父子三人名震京师。

千余年来，人们一直誉称为"三苏"。

◎故事感悟

人贵有志，有志者事竟成，即使努力晚一点也是可以获得成功的。学习不分早晚，只要我们肯学习，晚学不晚！

◎史海撷英

苏洵事佛奉道

苏轼在《子由生日，以檀香观音像及新合印香银篆盘为寿》一诗中写道："君少与我师皇坟，旁资老聃释迦文。"说的是苏轼、苏辙兄弟庆历年间在家以父为师时的事情，可见苏洵对道释经籍是有所研读的，不仅如此，他还让儿子也一起读。苏轼曾提到双亲笃信佛教："昔予先君文安主簿赠中大夫讳洵，先夫人武昌太君程氏，皆性仁行廉，崇信三宝。捐馆之日，追述遗意，舍所爱作佛事，虽力有所此，而志则无尽。"至于对道教的信仰，苏洵自己有记载："洵尝于天圣庚午（即1030年）重九日玉局观无碍子肆中见一画像，笔法清奇。云乃张仙也，有祷必应。因解玉环易之。"苏洵19岁娶眉山大户程氏之女为妻，到23岁（即天圣庚午）还未有子嗣，因此在游成都玉局观见到被称为以祈嗣的张仙画像，就购置回家。祈曰："某等不德所召，艰于嗣息，董皈遗教，瞻奉尊彦。……夫妇行四拜礼，诣香案上香，献酒。读祝再四拜。"苏洵的佛道信奉主要体现在游览佛道的名胜古迹，结交道士、僧人。

◎文苑拾萃

忆山送人五言七十八韵节选

（宋）苏洵

少年喜奇迹，落拓鞍马间。

纵目视天下，爱此宇宙宽。

山川看不厌，浩然遂忘还。

岷峨最先见，晴光庆西川。

远望未及上，但爱青若鬟。

大雪冬没胫，夏秋多蛇蚖。

乘春乃敢去，匍匐攀屏颜。

有路不容足，左右号鹿猿。

阴崖雪如石，迫暖成高澜。

经日到绝顶，目眩手足颠。

自恐不得下，抚膺忽长叹。

坐定聊四顾，风色非人寰。

仰面噉云霞，垂手抚百山。

临风弄襟袖，飘若风中仙。

竭来游荆渚，谈笑登峡船。

峡山无平冈，峡水多悍湍。

长风送轻帆，瞥过难详观。

其间最可爱，巫庙十数巅。

耸耸青玉干，折首不见端。

其余亦诡怪，土老崖石顽。

长江浑浑流，触啮不可拦。

苟非峡山壮，浩浩无隔边。

恐是造物意，特使险且坚。

江山两相值，后世无水患。

水行月余日，泊舟事征鞍。

烂漫走尘土，耳嚣目眵昏。

中路逢汉水，乱流爱清渊。

道逢尘土客，洗濯无瑕痕。

振鞭入京师，累岁不得官。

悠悠故乡念，中夜成惨然。

五噫不复留，驰车走辕辕。

自是识嵩岳，荡荡容貌尊。

沈括苦学成家

◎昨天只是今天的回忆，明天只是今天的梦。——吉卜龄

> 沈括（1031—1095年），字存中，号梦溪丈人。北宋杭州钱塘县（今浙江杭州）人。汉族。仁宗嘉祐八年（1063年）进士，神宗时参与王安石变法运动。熙宁五年（1072年）提举司天监，次年赴两浙考察水利、差役。熙宁八年（1075年）出使辽国，驳斥辽的争地要求。次年任翰林学士，权三司使，整顿陕西盐政。后知延州（今陕西延安），加强对西夏的防御。元丰五年（1082年）以宋军于永乐城之战中为西夏所败，连累被贬。晚年在镇江梦溪园撰写了《梦溪笔谈》。

在欧洲文艺复兴时期，意大利有一个杰出的人物叫达·芬奇。达·芬奇既是大画家，又是科学家、工程师。18世纪中期，俄国也出了一位大学者叫罗蒙诺索夫，他既是诗人、哲学家、历史学家，又是物理学家、化学家。像这样在众多学科中都有高深造诣的"全才科学家"，我国古代有没有产生过？有。而且以时代来说，比达·芬奇和罗蒙诺索夫还早，他就是北宋的大科学家沈括。沈括在天文、数学、历法、生物、医学、史学、文学、音乐等方面，都卓有成就，是中国乃至世界古代史上少有的多才多艺的政治活动家和科学家。

沈括的伟大成就，是他从小勤奋好学的结果。他读书很多，对各门学科都有浓厚的兴趣，十四五岁就读完了家中的藏书。

沈括书房里的油灯，常常是通宵达旦，疲倦了，他便拿起剑来舞一会，振振精神，然后坐下来再读。他不仅勤学，而且还勤思，对不懂的东西，非

要搞个水落石出不行。

这一年的四月间，沈括和朋友到山上去玩，看到桃花开得正盛，可是山下的桃花早已凋谢了。山里的桃花为什么开得如此晚呢？他问同伴，同伴摇摇头；回家后问母亲，母亲也说不清。于是，他自己去查阅了许多书籍，又经过反复思考，终于弄清地势、气温与开花时间有关系。山里地势较高，气温较低，植物开花就比较迟。

他还喜欢看星星和月亮，对那变幻无穷的辽阔天空十分神往，对民间传说的嫦娥奔月和牛郎织女的故事有许多天真而美好的想法。

每当皓月当空，他就一个人在院子里呆呆地看。看得眼睛酸了，腿也麻了，可是始终没有发现过嫦娥的影子。每当阴历七月七日，传说由喜鹊搭桥，牛郎织女可以相会，这该多么有趣啊！这一天，他总是端了小凳，第一个坐在院子里，等待这美好时刻的到来。可是，每次都使他失望，除了那数不尽的星星汇成的"银河"以外，根本没有牛郎与织女。他忍不住又去问母亲，母亲回答说："这是天老爷的事情，小孩子管得了吗？还是去多做做文章，看看书吧！"

然而，沈括并不甘心，依旧自己去翻大量前人留下的有关记述，一定要弄个水落石出。

他终于在王充的《论衡》中得到启发。王充在这本书里说，天地是由"气"形成的。原来，天是一种"气"体，所说嫦娥奔月、牛郎织女的事，都是神话，并非真有其事。

沈括为了弄通一门学科，往往花费几年、十几年，甚至几十年的时间。

为了观测北极星的正确位置，他一连三个月没有睡好，每天夜晚对着浑仪的窥管观察北极星，还要画三幅图，标明前半夜、半夜、后半夜北极星在天空中的位置。他前后画了二百多幅图，计算出北极星实际上不在北极，离北极还有3度多。

他绘制的《天下郡县图》地图集，用了12年时间。1076年，他接受了编制这个地图集的任务，后来受诬被贬，住在湖北随县的一所庙里。在三年的时间里，寒冷、潮湿和寂寞都没有使他屈服，他不断地修补没有画完的地图。

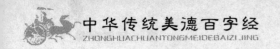
1087年，他终于完成了由20幅地图组成的地图集，其中最大的一幅高一丈二尺，宽一丈。图幅之大，内容之详，在历史上是罕见的。

他从青年时代起就对医学有强烈的兴趣。几十年来，他倾心于医药的研究，搜集了很多验方，治愈了不少病人。他既能辨别药物的真伪，又能纠正古代医书上的错误，并写了《良方》等医学著作。

◎故事感悟

沈括一生勤学不断，执笔不舍，年轻时，用了12年时间绘制了《天下郡县图》，为中华文化留下了光辉的一笔。令人敬佩！

◎史海撷英

沈括治水

沈括十分重视发展农业生产和兴修水利。早在青年时期任沭阳县主簿的时候，他就主持了治理沭水的工程，组织几万民工，修筑渠堰，不仅解除了当地人民的水灾威胁，而且还开垦出良田7000顷，改变了沭阳的面貌，那时他只有24岁。在任宁国县令的时候，他积极倡导并且主持在今安徽芜湖地区修筑规模宏大的坚固的万春圩，开辟出能排能灌、旱涝保收的良田1270顷，同时还写了《圩田五说》、《万春圩图书》等关于圩田方面的著作。

熙宁五年（1072年），沈括主持了汴河的水利建设。为了治理汴河，沈括亲自测量了汴河下游从开封到泗州淮河岸共840多里河段的地势。他采用"分层筑堰法"，测得开封和泗州之间地势高度相差十九丈四尺八寸六分。这种地形测量法，是把汴渠分成许多段，分层筑成台阶形的堤堰，引水灌注入内，然后逐级测量各段水面，累计各段方面的差，总和就是开封和泗州间"地势高下之实"。这在世界水利史上是一个创举。仅仅四五年时间里，他就取得引水淤田1.7万多顷的显著成绩。在对地势高度计算时，其单位竟细到了寸分，可见，沈括的治学态度是极其严肃认真的。

◎文苑拾萃

开元乐/三台

（宋）沈括

鹊鹊楼头日暖，蓬莱殿里花香。
草绿烟迷步辇，天高日近龙床。

楼上正临宫外，人间不见仙家。
寒食轻烟薄雾，满城明月梨花。

在种地的空隙里

◎神龟虽寿，犹有竟时。——曹操

陶宗仪（1329—约1412年），元末明初文学家，字九成，号南村。浙江黄岩人（今清陶乡）。父陶煜（上虞县尹），叔陶复初（书画家）。元至正八年（1348年）三月，赴考进士，因议论政事而落第。八月，黄岩方国珍起义，陶宗仪为避兵出游浙东、浙西，向张翥、李孝先、杜本学习经文诗词，向舅父赵雍学书法。

　　平展展的土地一直伸向远处的山麓，农民们正在翻地。这时有位锄地的人放下锄头，一边擦汗，一边走到地头的大树下休息。忽然，他像想起了什么事，连忙摘下几片老树叶，拿出笔来，匆匆在树叶上写些什么，又小心地放进一个瓦罐里。

　　这人叫陶宗仪，他当初曾去应考进士，落选了，就隐居在这松江地面，一面种地，一面钻研学问。休息的时刻，他总是抓紧时间思索、回味读过的书中的意思，每有所得，就记下来。买不起纸，便写在老树叶上。有人说："宗仪，种地空隙这点时间管什么用呢？还不如痛痛快快休息算了。"

　　"积少便成多啊！"陶宗仪回答着。

　　一晃十多年过去了，他写心得的树叶竟积了十多坛子。他把坛子打开，拿出一片片树叶，逐条整理，竟成了一部30卷的巨著。于是，他就给这部书取名《南村辍耕录》。

◎故事感悟

在农耕忙完时，陶宗仪利用休息的时间著述，这种精神实在可贵，我们在敬佩陶宗仪的这种学习精神的同时，也要学习他这种对待时间和学习的态度。

◎史海撷英

陶宗仪的个人成就

陶宗仪于至正二十六年（1366年）整理成《辍耕录》30卷，记载元代典章制度、戏曲诗词、风俗民情、农民起义等史料。中年以后，他有大量诗作表达魂牵梦萦的思乡之情，有"风景不殊乡音远，梦归夜夜浙江船"，"赋归归未得，长夜梦台州"之句，回乡祭扫诗曰："江汉悠悠为客流，先茔回首泪滂沱。"在另一方面，陶宗仪认为女尼、女冠等不能随意进入女子的闺房，以防生乱，其主要寓意也是防止女同性恋的发生。

◎文苑拾萃

月下笛

（元）陶宗仪

东阁诗悭，西湖梦残，好音难托。香消玉削。早孤标顿非昨。
阿谁底事频横笛，不道是、江南摇落。
向空阶闲砌，天寒日暮，病鹤轻啄。
情薄。
东风恶。
试怏觅飞琼，共翔寥廓。
冰魂漠漠，谩怜金谷离索。
有时巧缀双蛾绿，天做就、宫妆绰约。
诗一点脆圆成，须信和羹问却。

沈周与画师湖

◎君不见，黄河之水天下来，奔流到海不复回。君不见，高堂明镜悲白发，朝如青丝暮成雪。——李白

沈周（1427—1509年），明代画家。字启南，号石田，晚号白石翁。长洲（今江苏吴县）相城人。不应科举，长期从事绘画和诗文创作，擅画山水，40岁前多画小幅，以后始拓为大幅，笔墨坚实豪放，风格沉着浑厚。亦作细笔，于谨密中仍具浑成之势，人称"细沈"。取景为江南山川和园林景物，兼工花卉、鸟兽，善用重墨浅色，别有风韵，亦画人物。书法学黄庭坚，诗学白居易、苏轼、陆游，名重于明代中叶画坛。后人把他和文徵明、唐寅、仇英合称"明四家"。著有《石田集》等。

沈周的画为什么画得这样好呢？那是他珍惜一点一滴时间勤学苦练得来的。

在他家乡西北有个小湖，名叫"画师湖"。画师湖的名称又是怎么得来的呢？据说，曾经有凤凰在湖里沐浴过，所以水是活的，沈周用湖里的水绘画，因此画什么像什么。其实不是。

从画师湖向北望去，就是常熟虞山，俗称常熟山。这座山多变，有的说一天七十二变，有的说一年有七十二变，反正是多变。怎么变？一年春夏秋冬，早晚中昼，风雨阴晴，变化不同，山的颜色也就捉摸不定。刚刚看上去是红的，霎时间，就由红变青、由青变蓝。在淡雾中隐隐约约，在云堆中忽隐忽现。太阳光照射在山上，山的褶皱也是变化多端。山影反映到水上，水面色彩更是变化无穷。

沈周决心要画好这座多变的虞山，每天雄鸡头遍报晓就起身，直到太阳

落山才回去。他常常立在湖边一面看一面画，看看画画，画画看看，不论炎夏寒冬，刮风落雪，不知画了多少年，画纸用掉几大捆，湖水用了多少担，他终于摸到了虞山七十二变。

眼看大功将要告成，沈周忽然发现自己对虞山的变化还没有完全摸透，虞山比孙行者变化还多。沈周画得有点不耐烦，想把画笔、画盂全都抛掉，但又转念一想，"若要功夫深，铁杵磨成针"！人家铁杵要磨成绣花针，我用的功夫还不算深。于是他咬紧牙关，争取珍惜每一秒时间坚持画下去，最后总算画成了。

后来，人家把沈周学画的湖题名为"画师湖"。后来唐伯虎还拜他做老师呢。

◎故事感悟

　沈周成功的背后，是他辛勤的汗水和惜时如金的学习作风，这些都是值得我们学习和发扬的！

◎史海撷英

沈周的绘画艺术

在绘画方法上，沈周早年承受家学，兼师杜琼。后来博采众长，出入于宋元各家，主要继承董源、巨然以及元四家黄公望、王蒙、吴镇的水墨浅绛体系。又参以南宋李、刘、马、夏劲健的笔墨，融会贯通，刚柔并用，形成粗笔水墨的新风格，自成一家。沈周早年多作小幅，40岁以后始拓大幅，中年画法严谨细秀，用笔沉着劲练，以骨力胜，晚岁笔墨粗简豪放，气势雄强。沈周的绘画，技艺全面，功力浑朴，在师法宋元的基础上有自己的创造，发展了文人水墨写意山水、花鸟画的表现技法，成为吴门画派的领袖。所作山水画，有的是描写高山大川，表现传统山水画的三远之景，而大多数作品则是描写南方山水及园林景物，表现了当时文人生活的幽闲意趣。

◎文苑拾萃

雨晴月下庆云庵观杏花

（明）沈周

杏花初开红满城，我眠僧房闻雨声。

侵朝急起看红艳，对房两株令眼明。

还宜夜坐了余兴，静免蜂蝶来纷争。

嫣然红粉本富贵，更借月露添妍清。

青苹流水未足拟，金莲影度双娉婷。

庭空月悄花不语，但觉风过微香生。

老僧看惯不为意，却爱小纸燕脂萦。

高斋素壁可长有，不由零落愁人情。

徐文长与青藤书屋

◎人生天地之间，若白驹之过隙，忽然而已。——庄周

> 徐渭（1521—1593年），山阴（今浙江绍兴）人。初字文清，后改字文长，号天池山人，或署田水月、田丹水、青藤老人、青藤道人、青藤居士、天池渔隐、金垒、金回山人、山阴布衣、白鹇山人、鹅鼻山侬等别号。中国明代文学家、书画家、军事家。民间也普遍流传他的故事传说，关于他年轻时如何聪明，后来如何捉弄官宦等。

徐渭诗词歌赋样样都会，琴棋书画件件皆精，大人小孩，没一个不佩服他才学好的，可是他却屡次考试不中。

徐渭头一次参加乡试，那时天气很热，他走在考生的最后面，满脸是汗，考生中数他年纪轻。考官们见他五官端正，眉清目秀，都很喜爱他。

到考试快结束时，主考大人到各个试场去视察。来到徐渭这儿，一看人没在，哪儿去了？到徐渭座上，拿起考卷看，字写得遒劲妩媚，娟秀极了。再看文章，说理透彻，又有文采，越看越有味儿，越读越放不下手。考卷写光，文章还没完呢。

这人到哪儿去了呢？主考大人就大声叫道："这儿人呢？"

这时徐渭正在院心树杈上乘风凉呢，听到叫声，紧忙应道："在这里，在这里！"

说着，他从树上"哧溜溜"地滑下来。主考大人见他这样，很生气，就责问他为什么爬上树去胡闹。

徐渭见状，他毕恭毕敬地回答道："我爬上树是做文章呢。因为卷纸没了，我就写在大树的青藤上面，没想越写越多，就顺着青藤爬上树去写啦。"

主考大人走到树下一看，见青藤上面果然写的是文章，又看了些，觉得写的是好，不禁叹道："文长过青藤，汝心比天高。"

只是由于他爬树犯了考规，因而没中。但徐渭善写长文，却因此出了名，人们从此就叫他为"徐文长"。徐文长在自己的书房门口种上一棵青藤，自号"青藤"，称呼书房为"青藤书屋"，就是用来纪念这件事情的。

◎故事感悟

徐渭诗词歌赋样样都会，琴棋书画样样精通、可谓文坛奇才。从故事中得知，他的成才是靠他辛勤努力，而且几乎到了忘乎所以的地步，因此他获得了成功。

◎史海撷英

书中有画，画中有书

徐渭是一个书法家，在绘画中，他将自己的书法技巧和笔法融于画中，使人觉得他的泼墨写意画简直就是一幅慷慨淋漓的苍劲书法。

他的《墨葡萄图》，墨的浓淡显示了叶的质感，题诗的字体结构与行距不规则，如葡萄藤蔓一样在空中自由延伸，书与画融为一体。徐渭的书法造诣很高，其跌宕纵横的笔法有助于绘画艺术的巧妙变化，如画墨荷、葡萄，大刀阔斧，纵横驰骋，没有深厚的书法功力是难以做到的。徐渭曾做一幅《梅花蕉叶图》，将梅花与芭蕉放在一起，并且在画上题写道："芭蕉伴梅花，此是王维画。"显示出徐渭与王维在某些构图上的源流关系。当然，王维画雪里芭蕉，更突出一种禅机，即，使得雪的清寒与芭蕉的心空构成画面的宗教底蕴；而徐渭在这样的画面组合中，更突出一种超越时空的主体解放性。徐渭的书法和画法都极为娴熟，功底深厚，他的题字，如他的泼墨写意画，纵横不羁，洋洋洒洒；他的泼墨写意画，融合了精熟的笔法，意趣横生，极富韵味。

◎文苑拾萃

廿八日雪

（明）徐渭

生平见雪颠不歇，今来见雪愁欲绝。

昨朝被失一池绵，连夜足挛三尺铁。

杨柳未叶花巳飞，造化弄水成冰丝。

此物何人不快意，其奈无貂作客儿。

太学一生索我句，飞书置酒鸡鸣处。

天寒地滑鞭者愁，宁知得去不得去？

不如着屐向西头，过桥转柱一高楼。

华亭有人住其上，我却十日九见投。

昨见帙中大可诧，古人绝交宁不罢，

谢榛既举为友朋，何事诗中显相骂？

乃知朱毂华裾子，鱼肉布衣无顾忌！

即令此辈忤谢榛，谢榛敢骂此辈未？

回首世事发指冠，令我不酒亦不寒。

须臾念歇无些事，日出冰消雪亦残。

年老攻书著作

◎所虑时光疾，常怀紧迫情，蹒跚行步慢，落后最宜鞭。——董必武

李贽（1527—1602年），明代官员，思想家、文学家，泰州学派的一代宗师。初姓林，名载贽，后改姓李，名贽，字宏甫，号卓吾，别号温陵居士、百泉居士等。嘉靖三十一年（1552年）举人，不应会试。历共城知县、国子监博士，万历中为姚安知府。旋弃官，寄寓黄安、麻城。在麻城讲学时，从者数千人，中杂妇女，晚年往来南北两京等地，被诬，下狱，自刎死。李贽著有《焚书》、《续焚书》、《藏书》等。

李贽是明朝一位富有战斗精神的思想家。

李贽幼年时，家境贫寒，但刻苦好学。由于他治学认真，意志顽强，终于获得了渊博的学识。

他主张读书人要有"超然志气，求师问友于四方"。他到北京的时候，已经是个年迈老翁，听说澹园老人焦竑对《易经》很有研究，就去拜访焦竑说："您允许我做一个老门生吗？"焦竑比他年轻了15岁，听了这话非常感动，于是就和他结成了好友。李贽跟着焦竑学习《易经》，每天熟读一卦，直到深夜才肯休息。经过三年刻苦努力，终于把《易经》中的六十四卦读通。

李贽59岁那年，把家属送回福建老家去，自己单身来到湖北麻城，靠朋友的帮助，在龙潭的芝佛院（寺院）定居下来。照一般人看来，到了这个年龄，已经年老力衰、无所作为了，但李贽却正是从这个时候开始专心攻书，发愤著作。寺院里比较清静，食宿也不必发愁，李贽就朝夕苦读，从儒家经典到

佛教经文，从史书到杂说，从诗词到曲赋，无所不读。他把读书当做最大享受，完全忘记了自己身在外乡，孤身一人，年岁已老。

在他70岁那年，他写了一首《读书乐》的四言长诗，最末两句是"寸阴可惜，曷敢从容！"意思是说，每一寸光阴都是宝贵的，怎么能随便放过呢！

白发苍苍的李贽，在芝佛院住了10多年。他每天手不释卷，伏案苦思，丹笔批书，墨笔著作，笔不停挥，写下了30多种著作。其中最著名的两部书《焚书》和《藏书》，公开地向封建礼教和道学思想提出了挑战。人们称颂他写文章不循世俗之见，而是发表自己独到的见解，文章深刻、透彻、严肃，具有可贵的独创性和反抗精神。

◎故事感悟

年老仍旧攻书著述，李贽的这种学习精神为我们树立了一个珍惜时间的光辉形象！

◎史海撷英

李贽反对封建礼教

李贽对被封建统治者奉为金科玉律的儒家经典进行抨击，认为儒家经典的六经，如《论语》、《孟子》并不都是圣人之言，是经过后人吹捧拔高形成的，不能当做万年不变的真理。他反对歧视妇女，当有人说"妇女见短，不堪学道"的时候，他驳斥说，人们的见识是由人们所处的环境决定的，并不是先天带来的。他指出："夫妇人不出阃域，而男子则桑弧蓬矢以射四方，见有长短，不待言也。……故谓人有男女则可，谓见有男女岂可乎？谓见有长短则可，谓男子之见尽长，女人之见尽短，又岂可乎？"（《焚书·答以女人学道为见短书》）他主张婚姻自由，热情歌颂卓文君和司马相如恋爱的故事。

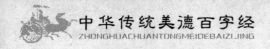

赴京留别云松上人

（明）李贽

支公仙迹此山居，深院巢云愧不知。

自借松风一高枕，始知僧舍是吾庐。

风吹竹柏袈裟破，月满池塘钟磬虚。

独有宿缘酬未毕，临岐策马复踌躇。

陈洪绶府学临画

◎天地者，万物之连旅；光阴者，万代之过客。——李白

陈洪绶（1598—1652年），明末清初书画家、诗人。字章侯，幼名莲子，一名胥岸，号老莲，别号小净名，晚号老迟、悔迟，又号悔僧、云门僧。浙江诸暨市枫桥镇陈家村人。明季国子监生，明亡使为清军俘获，虽胁以死，亦不肯为之作画，曾入绍兴云门寺为僧，工人物，名作《九歌》、《西厢记》插图、《水浒叶子》、《博古叶子》等版刻传世，又工诗善书，有《宝纶堂集》。

陈洪绶14岁那年，从诸暨来到杭州，在西湖涌金门附近租了一间房子，以卖画为生。他一边卖画维持生活，一边仍寻师访友，勤奋学习。他常常跑到西湖寺院里去，流连观摩那里保存着的古代佛教塑像和摩崖石刻，学习古代艺术家表现人物的手法。他还找活的生活素材，丰富自己。当时的西湖岳王庙是一个规模很大的市场，他经常来到这里，看见那些卖羹饭的、卖杂货的、唱曲子的，表演扑打和踩高跷的，如果动作上有一些特色，他都要细细观察，一一描摹下来。他后来能画出那些栩栩如生的人物画，就是和他平时的勤奋学习分不开的。

有一次，陈洪绶听说杭州府学里，保存有北宋大画家李龙眠的七十二贤画像石刻，他多么渴望观摩学习啊！他就请当时在杭州的"游派"大画家蓝瑛领他去看。他一进去，马上被这些画法纯朴、刻工精致的画像深深吸引住了。关起门来，他一连观摩了三天，临了一个本子出来，送给蓝瑛去看。

蓝瑛看了说："你临得很像啊！"

陈洪绶很高兴，可是一言不发。他又来到府学，关起门来，一连揣摩、学习了六天之后，又拿了一本子出来，送给蓝瑛去看。

蓝瑛看了，摇摇头说："这回你临得不像了！"

陈洪绶还是很高兴，一言不发，回到家里，关起门来，又日夜揣摩、学习。九天之后，他又拿了一个本子出来，送给蓝瑛去看。

蓝瑛看了，点点头说："这回你不是临画了，而是自己创造了！"

陈洪绶这才真正地高兴起来，他说："第一次，临得很像，那是古人的东西；第二次，临得不像，那是我开始向古人学习，初步学到的东西；第三次，才是我从古人作品的刻苦摹习中创造出来的东西，这真正是我自己的作品了。"

蓝瑛原来打算把陈洪绶收到自己门下。现在，看到陈洪绶不仅富有天资，而且非常勤奋，他十分感慨地说："你说得对呀！每个画家都要向前人学习，但不能一味模仿，要闯出一条自己的路子才对啊！"

◎故事感悟

陈洪绶是有着临画天分，但是也和他勤学苦练分不开的。在他得到美誉的背后，是抓紧一切时间刻苦学习的汗水！

◎史海撷英

陈洪绶的书法造诣

陈洪绶虽不以书法名世，但其于书法艺术方面所取得的成就也是相当惊人的。陈洪绶作书严循中锋用笔之法，他深谙掌竖腕平执笔的奥秘，其间虽小有以侧锋取妍处，但他能立即将笔调整过来。如此高超的控笔能力，无疑只能以掌竖腕平执笔法为之方可。再有，书法所要求的"回藏"、"提按"、"顿挫"、"绞衄"、"呼应"等等笔法要略，在他的运笔过程中，似无一处有缺憾，只是他做到了无痕迹罢了，这也正是大相不雕、信言不美、修养至炉火纯青境界的具体体现。从其书作中，我们可以感到，陈洪绶作书，心态是愉悦恬静、轻松欢跃的，书写过程对他来说似乎是一种最甜美适畅的享受。因此可以说，陈洪绶已找到了一种执运笔法的最佳方式，而这方式正是书法执笔、运笔的"真义"。在这"真义"中，书法的中锋运行、回藏提按以及顿挫绞衄，全都是为畅爽书写且写出美感服务的。

◎文苑拾萃

阳谷县遇赏祁之问林上庵却寄

（明）陈洪绶

赏生遇阳谷，为述君高迹。

卖田结茅宇，乃在寒山东。

设榻傍修竹，避人入深松。

老僧语夜月，瘦鹤舞秋风。

有酒能独饮，旧侣常不同。

即与同饮者，道人浮海翁。

书繙老庄子，作诗弗求工。

齿豁发尚黑，食少肌犹丰。

体气虽强健，颐养复有功。

是为隐君子，悟道彻始终。

我复世情深，乘亢不自封。

去家十余里，偃蹇江海中。

知君笃念我，恨我不能从。

李因惜时成才

◎莫待萧萧两鬓丝！——朱学勉

> 李因（1610—1685年），字今生，号是庵、龛山逸史。钱塘（今浙江杭州）人。早年为江浙名妓，后嫁光禄寺少卿葛征奇为妾。李因"每遇林木孤清，云日荡漾，即奋臂振衣，磨墨汁升许，劈笺作花卉数本。"李因擅墨笔山水、花鸟。山水法宋人米芾、米友仁父子，多用水墨点染，"以烟云掩映树石"。花鸟画在师法明中晚期陈淳（字道复，号白阳山人）的写意画风基础上，又以自然为师，从生活中汲取创作灵感。她最终在创作上避开了女画家惯有的构图小气、笔致纤弱等弊病，以潇洒随意及疏爽隽逸的艺术风貌备受时人赞许。

在我国古代，著名的女诗人犹如凤毛麟角，屈指可数。那些有成就的女作家，大抵都要经过一番比男子更刻苦的努力。李因就是明朝后期一位苦学成名的女诗人。

李因出身于贫寒之家。在封建社会里，女孩子最要紧的是学会针线活和打扮自己，至于读书写字，除了富贵人家的小姐以此来消遣解闷外，穷人家的女儿是很少学习的。再说，女孩子也不能进学堂，读书就更困难了。李因从小就和别的女孩子不一样，她喜欢读书，不喜欢涂脂抹粉打扮自己。只要一有空闲，就立刻抓紧时间读书写字，做诗绘画。

李因的家里很穷，买不起纸墨笔砚和灯油。为了学习，她想出许多办法来克服困难。她在每天早上打扫房屋的时候，总要先在积有灰尘的桌子上练一会儿字，然后才用抹布把灰尘擦掉。

秋天，柿子树的叶子发黄凋落，李因就把黄叶子扫起来，一筐一筐地留着，当做写字用的纸。

夏日的晚上，李因捉来许多萤火虫，把它们放在蚊帐里，依靠它们发出的亮光读书。

李因读书，简直到了废寝忘食的地步。她的父母对她说："你这样不分白天黑夜地读书，迟早是要苦出病来的。"

李因总是说："不会的。"

她母亲仍然不放心，规定她只许白天读书，一到天黑就督促她去睡觉。可是，李因在床上翻来覆去睡不着。

有一天，她突然想起一个办法来：睡觉之前，把火炭事先埋在灶灰里，然后才去睡觉。等父母睡着以后，她掀开被子，悄悄地爬起来，轻手轻脚地摸到厨房里，把埋在灰里的火炭夹出来，带到自己的屋里，点燃蜡烛……

为了防止光线射出去，被家人发觉，她就用衣服、被子把窗户遮住，然后偷偷地读起书来，一直到感觉疲倦的时候，才去睡觉。就这样神不知鬼不觉地夜读了很长时间，她十分高兴。

但是，时间长了，她的"秘密"终于被发觉了。不过，她好学不倦的名声也传扬出去了。

由于李因好学不倦，10岁时就能朗读《诗经》、《尚书》，而且过目成诵，不漏一字。

不但读书，李因还从小养成了写读书笔记的习惯，而且每天都要写几千字的笔记，寒暑不辍。

李因17岁时，便嫁给了光禄寺少卿葛征奇作妾。离家出嫁那天，她陪嫁的东西却是装满了几人箱子的书和读书笔记。

本来，在当时的那种条件下，女子结了婚以后，往往因生儿育女和繁重的家务而放弃了自己的学业。李因却不是这样，结婚以后学习兴趣仍然很浓，而且照旧那样勤奋。

李因的丈夫官职常常变动，李因也就常常跟着他到处奔波。在旅途中，李因不论是坐在船上，还是骑在驴背上，都随时随地抓紧时间读书做诗。她的诗集《竹笑轩吟草》和《续竹笑轩吟草》收入的260多首诗，大多数是在旅途中写的。

当时，李因丈夫家乡的地方志上为她作了传记，并把她的诗编成集子出版。

◎故事感悟

李因生长在封建时代里，那时候女子是没什么社会地位的，尤其像李因这样一个家境贫寒、身为"侍妾"的人，更被人们所轻视。可是，李因却能珍惜时间刻苦读书，并获得了一定的成就，值得敬佩。

◎史海撷英

李因多才

李因不仅能写诗，还工水墨画，擅长山水写生，尤以花鸟为甚。每当林木孤清、云日辉映之时，她总是奋臂泼墨，即兴作画。她的画模拟宋朝书画家米芾和米友仁父子，多用水墨点染，苍老遒劲，时人谓无"女气"。当时的著名花鸟画家陈淳、叶大年还曾亲手给予指导，传授画艺，李因因此技艺大进，曾作《松鹰图》，名重一时。

其花鸟画名作《荷花鸳鸯图》、《墨鸟图》、《乌竹图》等流传至今。《静志居诗话》说她"善画花之尖斜，禽鸟之跳踯，具有生动之趣"，《国朝书画家笔录》中称她"所画极有笔力，无软弱态。当时名誉甚隆，真闺阁翘楚也"。李因也以此自傲，她曾在自己所作的《莲鸭图》的题诗中写道："若信三生因果事，前身应是辋川人。"她以自己的诗画才能，自比唐代曾老居蓝田辋川、被誉为"诗中有画，画中有诗"的诗人、书画家王维。

◎文苑拾萃

醉落魄·咏鹰

（明）陈维崧

寒山几堵，风低削碎中原路，秋空一碧无今古。

醉袒貂裘，略记寻呼处。

男儿身手和谁赌，老来猛气还轩举。

人间多少闲狐兔，月黑沙昏，此际偏思汝。

阎若璩勤以补拙

◎时间抓起来说是金子，抓不住就是流水。——格言

> 阎若璩（1636—1704年），清代汉学家。山西太原人。字百诗，号潜丘。早年，随其父祖客居江苏淮安。他一生为学，博览群书，长于考证，遇有疑义，反复穷究，长期研治《古文尚书》，潜心30余年，撰成《古文尚书疏证》八卷，引经据古，揭其伪迹。曾为黄宗羲《明夷待访录》纠举舛错，为顾炎武《日知录》订正讹误。他以记诵博赡，考核精审名著一时，此后乾嘉考据学风受其影响甚大。其主要著述除《古文尚书疏证》、《四书释地》外，尚有《潜丘札记》、《毛朱诗说》等。

  阎若璩是清代著名的考据家。他家世代是读书人，父亲对他寄予很大的希望。可他从小口吃，又很愚钝。6岁上小学时，一篇文章即使读了多遍，他还背不出。老师认为他实在不是读书的材料，就找到他的父母商量，劝其退学。但阎若璩坚决不肯，在他的苦苦哀求下，老师才勉强同意他留一段时间。阎若璩为了能够继续在校学习，放弃了几乎所有的休息和娱乐时间。别的孩子在玩游戏，他却在学习；家里的人入睡了，他还在灯下看书。他就是这样艰难地"爬行"着。

  阎若璩本来就多病，再加上他勤奋读书，休息不好，所以身体越来越坏。母亲心疼他，不准他再学习，只要一听到读书声，便将他手中的书夺走，加以制止。阎若璩没法，就不敢背出声来，而是默记，又怕被母亲看见，所以总是偷偷躲着看。

  15岁那年，在一个寒冬的夜晚，他读到一段书，但怎么也弄不懂它的意

义，心里十分焦急。已经打过了四更，天气又那样寒冷，但是问题没有解决，他难以安心睡觉，独自坐在那里苦思冥想。忽然心中一亮，一下子想通了，他感到非常高兴。从此，凡碰到疑难问题，他都下决心弄通弄懂，从不放过疑点。阎若璩就靠这种好学肯钻的精神弄通了许多问题，这也使他认识到，只要肯学愚钝会变成聪明，不知会变成多知，从而增强了学习的信心。

从此，阎若璩下苦工钻研经史，寒暑不避，日夜不止，并把古人的话"一物不知，以为深耻；遭人而问，少有宁日"写成对联贴在柱子上，作为自己的座右铭。

阎若璩也正是这样做的。他20岁的时候，就怀疑《古文尚书》其中的"古文"25篇并不是真正的古文，后来一直把这个问题放在心里。经过20多年的钻研、考证，查看了大量书籍，他用丰富而精确的材料，证明那25篇是东晋梅赜的伪作，并且写了《古文尚书疏证》一书，推翻了《古文尚书》1000多年的假案，轰动了清初的学术界。

◎故事感悟

阎若璩的学术成果，至今还被专家学者引用。他的精诚所至、金石为开的求学精神，也一直激励着后人去努力读书。

◎史海撷英

阎若璩的地理贡献

阎若璩不仅精通经史，而且"于地理尤精审，凡山川、形势、州郡沿革，了若指掌"。他所著《四书释地》、《四书释地续》、《四书释地又续》、《四书释地余论》诸书，穷力于古，考辨精实，校正了前人对古地名附会的许多错误，同时涉及四书中的人名、物类、训诂、典制等，被后人称为历史地理学中的佳作。除此而外，阎若璩还著有《潜丘札记》、《重校困学纪闻》、《朱子尚书古文疑》、《孟子生卒年月考》、《眷西堂古文百篇》等，反映了他在经学和史学上的成就。

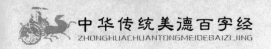

在清初的学术史上，阎若璩上承顾炎武、黄宗羲，下启惠栋、戴震。作为清代汉学（或考据学）的直接先驱，阎若璩在清代学术史上的贡献是不可磨灭的。

◎文苑拾萃

寄赠高澹人舍人

（清）阎若璩

朝饮新丰酒未残，惊开捷径五云端。

侍臣自信无媒易，圣主应教有梦难。

手校银钩呈玉几，家沾仙馔出金盘。

人间止得赓歌迹，一德由来契若兰。

懋勤殿有秋兰，舍人献赋焉。

一月读尽室中书

◎思往事，惜流芳，易成伤。——欧阳修

戴敦元（1767—1834年），清代官员、学者。字金溪，号吉旋。浙江开化人。幼时阅书过目不忘，有神童之称。乾隆五十八年进士，由刑部主事累迁刑部尚书。官刑部10年，专治刑狱，于律例蠹漏之处，数奏请更定，卒谥简恪。有《戴简恪公遗集》。

戴敦元是清初著名学者，浙江开化人。他小时候就非常聪明好学，每天手不离书本，有时看书竟然忘了吃饭睡觉，简直成了书迷。

一次，他到舅舅家去，发现舅舅家有个书房。书房里的书可真多啊，很多是自己从来没见过的。戴敦元在书房里翻翻这本，看看那本，舍不得离开。一会儿舅舅来了，他就恳求舅舅留他住下来，他要把这些没看过的书统统看一遍。

那时戴敦元才六七岁，舅舅非常喜欢这个勤奋好学的小外甥，于是就爽快地答应了他的要求，并在书房里给他准备了一张小床，供他休息时用。

戴敦元于是就在舅舅家的书房里住下来，早晚不离开书房一步，早晨天还没亮，就从床上爬起来，点上油灯看书；晚上，一直读到夜里三更左右，还不肯休息。

舅舅看着小外甥这样用功学习，又喜欢又心疼，有时就到书房里来催他早点上床睡觉，可是等舅舅一走，戴敦元又从床上爬起来，重新点起灯来读书，舅舅拿他也没有办法。就这样，戴敦元在舅舅家整整住了一个月的时间，

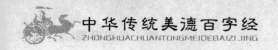
当他读完了书架上的最后一本书以后，才与舅舅告别回家。

由于戴敦元勤奋好学，10岁就被举为神童。当时学政彭元瑞给他出作文题，而戴敦元的文章做得典雅得体，竟然可以与当时一流的学者文章相媲美；彭元瑞又对他面试，戴敦元是有问必答，对答如流。学政彭元瑞非常喜欢他，认为他将来必定会成为国家的栋梁之才，并鼓励他继续认真读书。从此戴敦元读书更勤奋了，在15岁那年，他就经过乡试考中了举人，以后又在乾隆五十五年中了进士。

◎故事感悟

戴敦元竟能用一个月时间把舅舅家的所有书都读完，这种勤奋好学、惜时如金的精神实在令人佩服！我们也要以这种精神要求自己！

◎史海撷英

驴车尚书

吾乡戴文简公敦元，少嗜酒，不拘小节，落拓里市。过目不忘，家贫不能购书，借读于坊贾。官至刑尚，辄坐驴车入署，数十载一布被。殁后莫不钦公之清德。闻公数理最精，满屋列小泥人，暇则为之推算云。其成毁亦如人生死也。官刑部尚书。

一日大雪，公著雨罩，手抱文书，步至街衢，呼驴车乘之。御者不知公为谁也，及至署，隶役呵殿而入。公下车去，雨罩帽露珊瑚顶，御者大惊将弃车而逃，公强留与之钱而去。都中谓之驴车尚书。卒之日，乡人往视之，敝衣露肘，布衾一袭，其俭德为不可及云。

◎文苑拾萃

长 路

（清）戴敦元

天光尽处是平原，目断寒榛望欲昏。

人语夕阳闻远渡，马鸣春草识遥村。

白麟奇木终童对，鹏鸟湘江贾傅魂。

长路关心自消遣，独怜幽意向谁论。

黄钺聪明好学

◎老夫喜作黄昏颂，满目青山夕照明。——叶剑英

> 黄钺（？—1403年）字叔扬，南直隶苏州府常熟（今属江苏）人。建文二年（1400年）授刑部给事中，以丁忧归。燕王起兵南下，方孝孺问以苏、常、镇江形势，后皆如所料，燕军破京师，钺杜门不出，成祖召为户科给事中，中途投水死，以溺死上报，家属得免祸。

黄钺明朝建文帝时的大臣，少年时期的黄钺由于家境贫寒，买不起书，所以经常要走很远的路到县城集市上去，只要见到书，都要拿起来认真地读，他常常因为读书过了头而整天不回家。

明朝初年，朝廷整顿吏制，严格约束官员的行为，这样一来，官是越来越难当了，一般的读书人都不再愿意去做官，人才散逸各处。于是太祖几次下诏，征求贤才。

黄钺的父亲知道儿子聪明好学，生怕被州县知道选送京城，就多次告诫黄钺，让他断了念书的想法。但是话虽如此，可是一点儿作用没起。后来，黄钺的父亲想了个办法，他们家有地在葛泽陂，就让他去那里。黄钺到了葛泽陂，因为找不到书非常苦恼，他就找借口说去城里打油买盐，隔一两天就要进趟城，从城里朋友那借到书，就在回家的路上读。往往人还没到家，书已经读完了。

有个隐士，一次为避雨把小船停在葛泽陂黄钺的小屋旁，看见黄钺拿着

书靠在房檐。那隐士凑了过去说："小伙子如此好学，你一天读多少书啊？"

黄钺看着眼前的隐士随口说："就是因为没有书读！如果有书，多少我都能记住。"

隐士心想，这个孩子口气可不小，没准是在说大话，他笑着对黄钺说："书我有很多，但拿不过来，需要你自己去看，就在离这不远的洋海店。小伙子，你愿意跟我走一趟吗？"

黄钺听了隐士的话十分高兴，赶忙拜谢，登上他的船到了隐士家。隐士随便给他拿了几本书，并嘱咐他说这几本书看完后，才可以拿回来换新书，可没过多久，黄钺便把书拿回来了。隐士心想他怎么看得这么快，就从他看过的书中找些问题问他，黄钺都能对答如流。隐士高兴地说："我家架子上的书不下万卷，我是不会都让你拿回去看的，不如你就到我这里来读书吧！"他还让自己儿子跟黄钺住在同屋里读书。就这样又过了三年，黄钺把他屋里的书通通读了一遍。黄钺发愤读书的事迹终于被县里知道了，授予他"贤良"之称。以后黄钺以生员身份被授予宜章县的典史。

洪武二十三年，黄钺中了进士，授予刑科给事中。

◎故事感悟

黄钺的聪明好学为他日后的发展奠定了良好的基础，他这种刻苦学习的精神，值得后人学习。

惜时勤奋的齐白石

◎黄河走东溟，白日落西海，逝川与流光，飘忽不相待。——李白

> 齐白石（1864—1957年），生于湖南湘潭县白石铺杏子坞。宗族派名纯芝，小名阿芝，名璜，字渭清，号兰亭、濒生，别号白石山人，遂以齐白石名行世；并有齐大、木人、木居士、红豆生、星塘老屋后人、借山翁、借山吟馆主者、寄园、萍翁、寄萍堂主人、龙山社长、三百石印富翁、百树梨花主人等大量笔名与自号。20世纪中国十大画家之一，世界文化名人。

国画大师齐白石出生在湖南湘潭县一个贫苦的农民家庭。因为家里生活困难，根本没有钱供他上学，所以齐白石只随外祖父读过不到一年的书，不满13岁便开始学木工，出外谋生。

10多年过去后，25岁的齐白石越发感到读书的重要性，于是开始了艰苦的自学。起初，他学诗和绘画，后来，他又对书法和篆刻发生了兴趣。

一天，他去向一位老篆刻家求教。这位老篆刻家说："你要想学会篆刻，这很简单，你去挑一担础石回家，刻了磨，磨了刻，等到这一担石头都变成了泥浆，那时你就算真正掌握了。"

从老篆刻家那里出来后，齐白石真的去挑了一担础石来，他夜以继日地刻着，一边刻，一边拿古代篆刻艺术品来对照琢磨。刻了磨平，磨平了再刻，手上起满了血泡，他也不顾，仍然专心致志地刻呀、刻呀，刻个不停。

日复一日，年复一年，础石愈来愈少，而地上淤积的泥浆却愈来愈厚。最后，一担础石统统都"化石为泥"了。

这坚硬的础石也磨砺了齐白石的意志，他的篆刻艺术也在磨炼中不断长进，他治的印雄浑、洗练，独树一帜。渐渐地，他的篆刻艺术达到了炉火纯青的境地。当时就有人称赞："白石刻印，其刀直下，长可一寸，深可半寸，石不坚硬，立时崩裂，风驰电掣，俄顷而成。"

这些成就的获得，靠的是他几十年勤奋不懈的努力。在齐白石的一生中，可说是手不离笔，笔不停挥。有人给他做过统计，他平生只有几次大病和心境欠佳时没有作画，然而，等病和心境恢复后，重又将耽误的画补上。

齐白石90多岁以后，仍然同过去一样，每天挥笔作画，而且给自己立下规定，一天至少画五幅。他说："不教一日闲过。"并把这句话写出来，挂在墙上借以自勉。

一次，他过生日。由于他是一代宗师，学生、朋友多，这天从早到晚，客人络绎不绝。等到他送走最后一批客人时，已经是深夜了。年老的人，精力自然是差了，他便睡觉去了。

第二天，齐白石一早就爬起床，顾不上吃饭，走到画室，摊纸挥毫，一张又一张地画着……

家里人见状，劝他道："您怎么忘了，该吃早饭了。"

"别急。"他仍不停止地画起来。

当家里人将饭端放在他的画桌上时，齐白石推开说："不忙吃，不忙吃，我要画完规定的数量。"

又过了许久，他画完了五张，自己规定一天的"作业"已完成了。饭后，他又继续埋头作画。

家里人怕他累坏了身体，说："您不是已画够五张了吗？怎么又画呢？"

"昨天生日，客人多，没作画。"齐白石解释道，"今天追画几张，以补昨天的'闲过'呀。"

说完，他又认真地画了起来。

关于齐白石勤奋绘画、苦心孤诣的逸闻很多。他91岁那年，作家老舍请他画幅画，表现"蛙声十里出山泉"之意。"蛙声"是不易用画面表现的，"蛙声十里"更不好着墨了，他就在"山泉"上做文章。他思考了好几天，后来终于拿出一幅杰作：4尺长的立轴上，一股急流从山涧乱石泻下，水里夹带着一群蝌蚪，高处抹有几笔远山。构思得多妙啊！观众从隐约的远山、欢乐的流水、黑亮活泼的蝌蚪形象里，似乎听到了呱呱的蛙鸣。真是妙笔绘声，令人遐想！

◎故事感悟

推陈靠勤奋，出新更靠勤奋，是惜时勤奋把一个普通的农村木匠造就为一代国画大师。

◎史海撷英

齐白石主张"妙在似与不似之间"

齐白石主张艺术"妙在似与不似之间"。衰年变法，绘画师法徐渭、朱耷、石涛、吴昌硕等，形成独特的大写意国画风格，开红花墨叶一派，尤以瓜果菜蔬、花鸟虫鱼为工绝，兼及人物、山水，名重一时，与吴昌硕共享"南吴北齐"之誉；以其纯朴的民间艺术风格与传统的文人画风相融合，达到了中国现代花鸟画最高峰。篆刻初学丁敬、黄小松，后仿赵撝叔，并取法汉印；见《祀三公山碑》、《天发神谶碑》，篆法一变再变，印风雄奇恣肆，为近现代印风嬗变期代表人物。其书法广临碑帖，历宗何绍基、李北海、金冬心、郑板桥诸家，尤以篆、行书见长。诗不求工，无意唐宋，师法自然，书写性灵，别具一格。其画印书诗人称四绝。一生勤奋，砚耕不辍，自食其力，品行高洁，尤具民族气节。留下画作3万余幅、诗词3000余首，自述及其他文稿并手迹多卷。其作品以多种形式一再印制行世。

ZHONGHUACHUANTONGMEIDEBAIZIJING

中华传统美德百字经

竞·与时竞驰

第三篇

困境中惜时苦读

路温舒牧羊读书

◎时难得而易失也。——贾谊

路温舒（生卒年不详），西汉著名的司法官。字长君。钜鹿（今属河北）人。信奉儒家学说。起初学习律令，当过县狱吏、郡决曹史；后来又学习《春秋》经义，举孝廉，当过廷尉奏曹掾、守廷尉史、郡太守等职。宣帝即位，他上疏请求改变重刑罚、重用治狱官吏的政策，主张"尚德缓刑"，"省法制，宽刑罚"。他认为秦朝灭亡的原因，是法密政苛，重用狱吏。汉承袭秦朝这一弊政，必须改革。他还反对刑讯逼供，认为刑讯迫使罪犯编造假供，给狱吏枉法定罪开了方便之门。他在奏疏中还提出废除诽谤罪，以便广开言路。

西汉文学家路温舒小的时候，家里很穷，但放羊的路温舒很小就喜欢读书。可家里穷得连生活也维持不了，哪里能有钱买书呢？有一次，路温舒放羊时发现了一种蒲草。这种蒲草又宽又长，形状和竹简差不多。路温舒想把蒲草剪下来，在上面写上字，不就可以做成书了吗？这样的书，既不用花钱去买，又轻便、好携带，放羊时也可以带出来阅读了。

从此，路温舒每天放羊时就剪下很多蒲草，收拾齐整，带回家去。晚上，他就把借来的书抄在蒲草上，然后把写上字的蒲草连缀起来，做成一册册的书。

由于路温舒肯在艰苦的环境里想尽办法给自己创造学习条件，刻苦用功，他逐渐学到很多知识，内容涉及历史、历法、天文等各个方面。他对法律学特别感兴趣，后来成为西汉时代有名的学者。

◎故事感悟

　　<u>路温舒的成功不是偶然的，他的成功来自于坚持刻苦钻研和利用一切可利用</u><u>的时间去学习的可贵精神。</u>

◎史海撷英

路温舒对于司法裁判认识

　　对于司法裁判认识，路温舒说："司法裁判，是国家大事，处死的人不能复生，砍断的手足不能复续。《书经》上说：'与其杀一个无罪的人，宁可放掉一个有罪的人。'可是，今天的司法裁判却恰恰相反。法官们上下勾结，刻薄的人被称赞为廉明，残忍的人被称赞为公正；主持正义、昭雪冤狱的人，却有被认为是不忠贞的后患。所以，法官审讯案件，非置人于重刑不可，他对囚犯并没有私人恩怨，只是用别人的自由和生命，来保卫自己的自由和生命而已。他必须把别人陷入重刑，他才可以获得安全。"

　　路温舒又说："死囚所流的血，盈满街市。其他处刑的囚犯，更比肩相连。遇到行刑日子，每次都杀万人以上，诚感可哀。"

刘勰惜时借殿读书

◎天波易谢，寸暑难留。——王勃

> 刘勰（约465—520年），字彦和。中国历史上著名的文学理论家。祖籍山东莒县（今山东省日照市莒县）东莞镇大沈庄（大沈刘庄）。他曾官县令、步兵校尉、宫中通事舍人，颇有清名，晚年在山东莒县浮来山创办（北）定林寺。刘勰虽任多官职，但其名不以官显，却以文彰，一部《文心雕龙》奠定了他在中国文学史上和文学批评史上不可或缺的地位。

《文心雕龙》是南北朝文学家刘勰的一部文艺理论专著，在中国文学发展史上有相当影响。这部著作的作者更能给后代留下深刻影响。

刘勰出生在山东莒县。他自幼父母双亡，父母给他留下的财产只有一堆书籍。父母没有了，刘勰自己挑起了生活的重担。他天不亮就进山打柴，用卖柴的钱换回粮、油、盐等生活用品。他每天干很重的活，吃的却是最简单的粗茶淡饭。可刘勰自己却没有觉得困苦和孤独，因为他有最好的伙伴——父亲留下的书陪伴他。

书是刘勰最知己的朋友，书在刘勰面前展开了美好的世界。白天上山打柴，刘勰把书带在身边，抽空便读；夜晚，刘勰孤身坐在空荡荡的屋子里，就着昏暗的灯光，捧书读到深夜。后来，刘勰发现这样读书很费灯油，自己靠打柴挣来的钱还不够买灯油的。怎么办呢？刘勰想着一定得找个好的解决办法。

一天夜里，刘勰起来到院子里解手，发现远处寺庙里灯光闪闪地亮着。

那是佛堂的光，按照寺庙的规矩，必须彻夜通明。刘勰高兴极了，心想我何不到庙里借佛光读书呢？从那天开始，每天天黑的时候，刘勰就夹着书本到寺庙去，借着佛光读书，有时读得兴奋了，就读一夜。

这天，庙里主持刚念完早经。忽然，夜里值更的小和尚慌慌张张地跑来禀报，说大殿里佛爷显灵，他亲眼看见佛身摆动，亲耳听到朗朗的诵经声。那僧祐主持半信半疑，决计亲自察看个明白。

第二天天刚黑，僧祐就暗暗藏在大殿等候。初更过后，仍没有动静，大殿里阴风飒飒，烛光摇曳，好不瘆人。主持正在纳闷，猛地发现有个瘦小的身影从墙外跳进来，轻手轻脚走进了大殿。定睛细看，原来是个孩子。

"你夜晚翻墙入寺，想干什么？"主持从佛像后走出来，厉声问道。

"我……我是来借灯读书的。"刘勰从怀里掏出一本书，结结巴巴地说。待刘勰把事情全讲清楚以后，主持很受感动，他亲切地抚摸着刘勰的肩膀说："有志气！如你不嫌，就跟我读书吧！"

刘勰一听，笑眼顿开，随即叩拜了师父。从此，他在僧祐长老的指点下，学问长进得更快了。

◎故事感悟

刘勰虽然家境贫寒，但他能够想办法夜里读书，珍惜每一刻的时间，可谓是勤于苦学的典范。

◎史海撷英

刘勰建立文学史观

刘勰初步建立了文学史的观念。他认为，文学的发展变化，终归要受到时代及社会政治生活的影响。他在《时序》篇中说："文变染乎世情，兴废系乎时序。"并在《文心雕龙》的《时序》、《通变》、《才略》诸篇里，从上古至两晋结合历代政治风尚的变化和时代特点来探索文学盛衰的原因，品评作家作品。比如他说建安文学"梗概而多气"的风貌，是由于"世积乱离，风衰俗怨"而形成；东晋玄言诗泛滥，是由于当时"贵玄"的社会风尚所决定，注意到了社会政治对文学发展的决定影响。不仅如此，他还注意到了文学演变的继承关系，并由此出发，反对当时"竞今疏古"的不良倾向。这些都是十分可贵的。

◎文苑拾萃

《文心雕龙》

《文心雕龙》共10卷，50篇。分上、下部，各25篇，包括总论、文体论、创作论、批评论四个主要部分。上部，从《原道》至《辨骚》的5篇，论"文之枢纽"，阐述了作者对文学的基本观点，是全书的纲领和理论基础。从《明诗》到《书记》的20篇，以"论文序笔"为中心，每篇分论一种或两三种文体，可称是文体论。下部，从《神思》到《物色》的20篇，以"剖情析采"为中心，重点研究有关创作过程中各个方面的问题，是创作论。《时序》、《才略》、《知音》、《程器》等4篇，从不同角度对过去时代的文风、作家的成就提出批评，并对批评方法进行专门探讨，可称是文学史论和批评鉴赏论。

小苏颋"借光"

◎光阴有脚当珍惜，书田无税应勤耕。——格言

> 苏颋（670—727年），唐朝大臣，文学家。字廷硕。京兆武功（今陕西武功）人。弱冠敏悟，举进士，及第，调乌程尉。武后朝，举贤良方正异等，除左司御率胄曹参军，迁监察御史，转给事中、修文馆学士，拜中书舍人。唐睿宗景云年间，袭封许国公，转中书侍郎。开元四年，进同紫微黄门平章事，修国史。后罢为礼部尚书，俄检校益州大都督长史，按察节度剑南诸州。从封泰山，还卒，诏赠右丞相。自景龙后，与张说以文章显，称望略等，时号"燕许大手笔"。其诗骨力高峻，韵味深醇，情景声华俱佳。后人辑有《苏颋硕集》。

　　苏颋是唐朝玄宗皇帝时的一位宰相，但他的成长并不那么顺当，在小时候可是吃了不少苦头呢。

　　原来，苏颋出生在一个大官僚的家庭里。他的父亲苏环也当过宰相，家里非常富裕，可以说要什么有什么。

　　可是，当宰相的父亲偏偏看不上苏颋这个儿子。因为苏颋的脾气很不好，倔得像头牛，总爱顶个真儿。不管是谁，只要是他认准的事，谁也别想跟他辩论。

　　苏颋从小便同几个哥哥在私塾里读书，几个哥哥读书都很勤奋，唯独苏颋不肯用功，相反，同老师顶牛的事倒经常发生。老师曾气得指着他的鼻尖说："你呀，永远是个没出息的人！"

　　父亲得知他在私塾里的表现后，非常气愤，将他唤到自己面前嚷道："我

没有你这样不争气的儿子，去！你这样的孩子只配干活，读书对你来说是浪费时间！"

果然，没过两天，苏颋便被赶到了马厩去干活。

马厩里又臭又脏。苏颋从被赶出来那天开始，就和马伕们一起干活了。每天早晨，他头顶星星就同马伕们一起下地割草；中午，在火辣辣的太阳下，给马运草、铡草、饮水，一直要忙到深夜。

一天夜里，马厩里来了一个人，他叫"大肚子"，意思是说他肚子里有三屋子的故事。当"大肚子"得知苏颋的境遇后，认真地对他说："人，活着就得勤奋。你看人家匡衡，虽说家里穷得精光，连针头大的灯芯都点不起，可人家就有一股子勤奋劲儿。勤奋这东西比金子还珍贵呢。不是穷得买不起灯油吗？人家就凿洞，把墙挖个铜子大的眼儿，借着邻居的灯读书，这叫'借光'……"

苏颋听了"大肚子"的这一番话，心里思潮汹涌。他想："我虽然生在富户人家，要钱有钱，要粮有粮，但最缺的就是不知道勤奋，我为什么不能好好学习呢？"

这一夜，他翻来覆去地睡不着，想了许多……

第二天清早，他对"大肚子"说："你昨天夜里说得太对了！人，活着不勤奋的话，还不如一匹槽头的卧马！"

说学就学。小苏颋找来几本爱读的书，乘着烧汤的时候，就着红红的炉火开始认真地读起书来。

冬去春来，小苏颋天天坚持读书，一点儿也不肯放松，有时手冻得像红萝卜似的。马伕见状，心疼地问他："你冷不？"

小苏颋回答说："当然冷，我又不是石头，怎么不冷呢？可是，我明白了书中的道理，心里头就像炉火那么热乎。"

又是一个秋天来了。这天，小苏颋正在写诗。谁知，一阵大风把他刚写好的一首诗给刮起来，一直刮到大门前，正好被一位客人看到了。他见纸条上写着："指如十挺墨，耳似两张匙……"非常惊喜，就对苏颋的父亲说："你家小孩真聪明，小小年纪就能写出这么动人的诗来，真不简单啊！"

苏颋的父亲听了，心中才想起自己的儿子还在马厩里干活呢。苏颋不消沉，而且还刻苦学习、练习写诗的事，使父亲改变了对他的看法。

从此以后，苏颋又被送进私塾，开始了更加刻苦地学习，终于成长为一个对国家有用的人才。

◎故事感悟

苏颋没有因为生活富裕就舍弃读书的信念，而是勤奋图强、惜时如金，他刻苦学习不肯放过任何能够学习的时间，这份对知识的渴望和惜时如金的精神值得继承和发扬！

◎史海撷英

王珪劝唐太宗

贞观元年，唐太宗即位。他知道王珪很有才干，就拜他为谏议大夫。一次，太宗临朝，对侍臣们说道："正直的君主任用奸邪的臣子，是无法使天下大治的；正直的臣子侍奉奸邪的君主，同样无法使天下大治。只有君臣相遇，如同鱼水一般和谐，海内才能安定，天下才能大治。我虽不敏，还望诸公多加匡正，以便凭借诸公的佳谋良策，使天下升平。"

王珪随即应道："臣听说，木材按照墨绳锯才会正直，君主采纳臣下谏言才会圣明。所以，古代的圣主身旁必有七位诤臣，他们言而不从，则继续以死相谏。陛下开明圣哲，为臣身处广开言路之朝，当然愿意竭诚尽忠。"

太宗听了受益匪浅，就规定三品以上的显官入朝时必须有谏官在侧。太宗也确实是从谏如流，王珪更是有过必规，见缺必劝。

郗珍"偷"光

◎年难留，时易损。——谢惠连

夜幕降临了，破陋的草屋内没有一丝光亮，连一盏油灯、一支蜡烛也找不到。白天，郗珍砍柴割草劳累了一天；晚上，他多么渴望读点书呀。可是家中贫困不堪，哪来的钱添油买烛呢？他走出茅屋，长叹一声。

郗珍从小酷爱读书。当时，穷苦人读书确实不易。可是他总是见缝插针，抓紧一切时机认真读书，白天劳动累了，就以看书作为休息；晚上别人睡了，他还在背书，有时一直到深夜。

由于家境贫寒，郗珍买不起书。为此，他绞尽脑汁，借鉴路温舒"编蒲"抄书的经验来解决。于是，他采了一大捆蒲草背回家，切成跟竹木简一样长短的片子，编联起来。然后向人家借了书，挤时间抄写在加工过的蒲草上面，做成一册一册的蒲草书。

有了蒲草书，郗珍就不愁没书读了，而且读完一本，再抄一本。几年的工夫，家里堆放了半屋子"蒲草书"。

至于照明问题，他有时到山上砍些松节或木柴点燃照明，但这终究不是个办法呀！

长叹过后，郗珍猛然想起："我何不利用晚间背书，这样既不用光亮，又可将白天看的内容全部记牢。"这以后，人们总能听见从他住的那间小草屋传出读书声。人们有些奇怪：漆黑的屋内怎么还能看书呢？谁也猜想不到，屋内的郗珍是在背书呢。

有一天夜晚，郗珍正在黑暗之中背书，突然发现墙角里有一线微弱的亮光，他急忙蹲下身去一看，原来是邻居家透进来的油灯光。这一点光亮给他带来了希望，他想起了匡衡凿穿了邻居家的墙壁以取烛光的故事，从中受到了启发。他连忙捧起书来，对准光线一看，书上的字迹果然隐约可见，这真使他欣喜若狂！为了看得更加清楚，他又把洞凿得大一些，根本没有顾及这样做将会发生什么后果。

说来也巧，紧挨郗珍这间小草屋的那家邻居是个有钱人家，每夜灯光通明，达旦不熄。于是，郗珍就这样伏在墙角，借着从洞口射进来的光亮贪婪地读起书来。他全神贯注，忘记了白天的疲劳，也忘记了夜晚的倦怠……

谁知道，隔壁富户的主人很快就发现了这个秘密。这天，这家主人拉着郗珍说："你这个穷光蛋，穿凿墙壁，我知道，你是想偷窃我家的财物！"

"我不是……我是想……"

没等郗珍解释清楚，这家主人更火了："你还不承认，简直是胆大妄为！我要去告你，看你说不说实话！"

果然，这家主人真的写了一张状书，把郗珍告到了官府。此时，郗珍真是有口难辩，只好被人家强扭去吃这个冤枉官司。那时，富户告状，官府特别重视，此案便由河阴县令康廷芝亲自审理。他看了状书，当即提审郗珍。郗珍满腹冤屈，只得如实地把自己"偷"光读书的事陈述了一遍，申明自己决无偷人财物之意。康廷芝听后，便下令郗珍和邻家富户退出，等候判决。

过了几天，重新开堂，康廷芝已经郑重其事地拟好了一篇《对求邻壁光判》。他在判决中说："郗珍出身贫寒，而爱读书。他读书用功的程度，虽然不及苏秦'悬梁刺股'那般动人，但是也够勤奋的了，别人休息他不休息。他模仿匡衡'凿壁'的办法，借光读书。我们已去过他家，发现洞口很小，人根本爬不过去，这怎么能偷邻人的财物呢？这种'凿壁偷光'的事古已有之，我已查阅过历史，当时官府也不曾对匡衡问罪。据此，本官也照前例办案，对郗珍不作偷窃罪论处，只是以后不要再这样做就是了。"

由于这位县令的公正判决，郗珍才避免了一场灾祸。从此，他便更加发愤苦读，终于成为唐代后期的一名学者。

◎故事感悟

前有匡衡"凿壁借光"，后有郗珍"偷光"，这都是珍惜时间、刻苦学习的榜样！

◎文苑拾萃

警 世

（明）唐寅

世事如舟挂短篷，或移西岸或移东。

几回缺月还圆月，数阵南风又北风。

岁久人无千日好，春深花有几时红。

是非入耳君须忍，半作痴呆半作聋。

吴昂牛棚求知

◎落日无边江不尽，此身此日更须忙。——陈师道

　　吴昂（1470—?），字德翼，号南溪。少孤贫。明弘治十八年（1505年）中进士，授宜城知县，廉洁自持，教民耕织。时官庄老亩税为民患，昂调停其法，民感而祀之。调新建知县，当地有宁王宸濠，索租横虐，民不堪命，结寨丁家山以自保。宸濠诬以反，宜速兵，吴昂曰百畏生非反也。入山谕民，立散。是年大饥，官无储粟，立抽补法赈赡万人。昂因劳累眚左目。后历任云南按察司佥事、淮徐兵备副使、福建左参政、福建右布政使等职。

　　夜很深了，在浙江海盐的一个小渔村里，有一户人家屋后的破草棚内还亮着微弱的烛光。这是一间堆放渔具、渔网、鱼干和食盐等杂物的仓库，连一扇小窗户也没有，棚内散发着刺鼻的霉味，真叫人一分钟也待不下去。

　　可是，这时棚内正蜷缩着一个少年，借助那昏暗的烛光，在聚精会神地看书……

　　他已经在里面待了好几个时辰了，仿佛那令人窒息的霉味他都没有感觉到，只顾埋头看书。

　　这个少年名叫吴昂。他8岁时，母亲就患病死去了。母亲死后不久，父亲娶来的后母是个凶狠毒辣的女人。她整天呵斥吴昂干活，挑水、劈柴，永远没个完。

　　可吴昂是个很好学的少年，他对家里唯一的一本《老子》爱不释手。每当他一拿起书，后母就暴跳如雷，像老鹰逮小鸡似的扑上去夺过书，然后摔

在地上说:"还不给我干活去,你也不看看自己,难道你还想读书吗?"

吴昂怕后母,他不敢出声,只好去干活。

白天,后母是绝对不让他看书的。吴昂见躲不过后母,只好等深夜家里人都熟睡之后,一个人偷偷地躲到屋后的那间破草棚里看书。

他一边读书,一边思索着许多奇怪的问题:大海那边是什么?大地的尽头在哪儿?怎样才能事先知道风暴的来临,以保护渔民的生命安全?……然而,手中仅有的这本书,什么也回答不了他。

于是,他想要读更多的书。

有一年冬天,父亲要给他买一双新鞋。吴昂知道后对父亲说:"父亲,我要买一本书,其他什么东西也不要。"

父亲大吃一惊:"难道一双新鞋还不及一本书?家里已有一本《老子》,这还不够你读的吗?"

"父亲,不是这种书。"吴昂鼓起勇气说,"我想要一本什么知识都有的书……"

父亲火了,将他臭骂一顿,书还是没有买成。

家里没有书读,并没有让吴昂死心。他想来想去,决定想办法去那些有书的人家里去求学。

不久,吴昂果真打听到,海宁县有一个姓祝的先生很有学问,于是决心去拜他为师。

这一天深夜,吴昂背着家里人,挑着简单的行李,偷偷溜出家,上路了。

他在乡间的小道上走着,天明后,终于打听到了祝先生家。

来到祝先生府上,他很有礼貌地说:"祝先生学问渊博,远近闻名,学生是来投先生为师的,请收留。"

"后生从哪里来?"

"我从海盐来。"

祝先生说:"你小小年纪,精神可嘉,不过你来迟了。房子住满了,只有一间牛棚还空着,但不能住人呀!"

吴昂说:"住牛棚也行。"

"这怎么使得？"

"不用先生费心，我住牛棚就是。"吴昂说完，把牛棚打扫干净，就搬到里面住下来。

牛棚虽然简陋，但很清静，无人来干扰。夏天，外面很炎热，但牛棚里十分凉爽，是看书学习的好地方；但一到晚上，蚊子飞鸣，嗡嗡之声不绝于耳。吴昂一边看书，还要不断用手拍打着蚊虫。有时注意力都集中在书上，被蚊虫叮咬，又痒又疼。到了冬天，墙壁四面通风，外面北风呼啸，里面冷得像个冰窟窿。但吴昂不顾这些，坚持苦学，就这样含辛茹苦，度过了好几个冬夏，一直到"毕业"。

◎故事感悟

吴昂勤奋刻苦，为了能够学到知识，自己住的环境多么恶劣都不在乎，这种对知识的渴望和对待学习的态度怎么能让我们不敬佩呢？

◎史海撷英

弘治中兴

明孝宗即位后，努力扭转宪宗时朝政腐败的状况，驱逐奸佞，逮捕侍郎李孜省、太监梁芳，罢免外戚及党羽；裁汰传奉官，罢免右通政任杰、侍郎蒯钢等千余人，论罪戍斥，革除法王、佛子、国师、真人封号，处死妖僧继晓；任用贤能，提拔徐溥、刘健、李东阳、谢迁等名臣参与机密事务；提倡直言进谏，多次修省，求直言，并令讲官进讲直言勿讳；注意节俭，减免供用物料，节省各种费用。孝宗勤于政事，多次减免灾区粮赋，禁止廷臣请托公事，禁宗室、勋戚霸占土地，侵夺民利。重视司法，令天下诸司审录重囚，慎重处理刑事案件。弘治十三年（1500年）定《问刑条例》。执政期间，社会矛盾有所缓和，统治阶级内部亦较稳定，外患平定，史称弘治中兴。

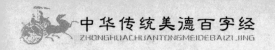

◎文苑拾萃

<h2 style="text-align:center">皇仙引</h2>

（明）宋濂

横塘风断愁红浅，旧燕衔春春信满。

鹤驭遥空不可攀，绣宸斜张香梦懒。

暖萧不到茱萸帐，宝露空薄五云盌。

风前白㬵几人悲，万里青蘋一时晚。

铜仙含泪辞青琐，渺渺空嗟西日短。

弱川无力不胜舠，骑龙难到白云乡。

玉棺琢成已三载，欲葬神仙归北邙。

"我知道得太少了"

◎盛年不重来，一日难再晨。及时宜自勉，岁月不待人。——陶渊明

> 竺可桢（1890—1974年），又名绍荣，字藕舫。浙江上虞人。中国卓越的科学家和教育家，当代著名的地理学家和气象学家，中国近代地理学的奠基人。他先后创建了中国大学中的第一个地学系和中央研究院气象研究所。担任13年浙江大学校长，被尊为中国高校四大校长之一。1974年2月7日，竺可桢因肺病在北京逝世，享年83岁。

84岁的气候学家竺可桢的生命处于垂危之中！1974年1月23日，是他逝世前的两个星期的日子。

这天，照例有不少人来探望他，爱人因他前一日咳了一整天，便把所有的亲戚、朋友都留在房外。猛然间，竺可桢听到了外孙女婿的声音，便迫不及待地叫他进来。

外孙女婿是中国科学院高能物理研究所的研究人员。竺可桢虽是大科学家，但他对自己缺乏"基本粒子"这门新学科的知识很着急，他曾五次向晚辈求教"补课"。现在，他自然不能放过这个求学的机会。

破例进屋的外孙女婿，看到竺可桢强作精神，艰难地坐在书桌边。老人因病，听觉受到严重损伤，带上助听器都听不清外孙女婿的讲话，只得叫他写下来。

爱人劝他："你连坐都支持不住，还问这些干什么？"

竺可桢听了，简直想发火，他一声咳一个词地说："不成！我知道得太少了。"

外孙女婿还给他介绍了国外研究基本粒子的近况，以及杨振宁的《规落

场》取得的新进展。

竺可桢听后，心里像吃了舒心丸那样舒坦。他满意地笑了，憔悴的脸上泛起了喜悦的红晕。

◎故事感悟

这可谓是"与时竞驰"的典范！竺可桢在病危之际，仍抓紧时间学习，令人敬佩！

◎史海撷英

文军长征

1936年4月，竺可桢担任浙江大学校长，历时13年。他以"求是"为校训，明确提出中国的大学必须培养"合乎今日的需要"的"有用的专门人才"的进步主张。1937年，浙江大学为躲避战事，继续学业，举校西迁。竺可桢带领633人四度迁徙，途经浙、赣、湘、粤、桂、黔6省，行程2600多千米，历经3年，最终于1940年初抵达贵州遵义——遵义地处黔北山区，远离炮火和敌机的干扰。史称"文军长征"。

◎文苑拾萃

物候的南北差异（节选）

竺可桢

前面讲过，我国的物候南方与北方不同。从世界范围来说，也一定是这样。所以霍普金斯的物候定律，如以物候的南北差异而论，应用到欧洲便须有若干修正。据英国气象学会的长期观测，从最北苏格兰的阿贝丁到南英格兰的布里斯特耳，南北相距640千米，即6个纬度弱，11种花卉的开花期，南北迟早平均相差21天，即每一纬度相差3.7天。而且各种物候并不一致，如7月开花的桔梗，南北相差 10 天；而 10 月开花的常春藤，则相差至 28 天。至于德意志联邦共和国的格曾海曼地方，纬度在意大利巴图亚之北 4 度 6 分；两地开花日期，春季只差 8 天，但夏季要差 16 天。换言之，即春季每一纬度相差不到 2 天，而夏季每一纬度可差 4 天。欧洲西北部的挪威，则每一纬度的差异，南北花期在 4 月要差 4.3 天，5 月减至 2.3 天，6 月又减至 1.5 天，到 7 月只差 0.5 天。由此可知南北花期，不但因地而异，而且因时季、月份而异，不能机械地应用霍普金斯的定津。即使在美洲，霍普金斯定津应用到预报农时或引种驯化，也都须经过一系列等候线图的更正。

冼星海抓紧每一刻时间

◎岁去弦吐箭。——孟郊

> 冼星海(1905—1945年)，曾用名黄训、孔宇。祖籍广东番禺，出生于澳门。中国近代作曲家、钢琴家，于1939年所作的《黄河大合唱》是最广为人知的作品。1929年去巴黎勤工俭学，从师于著名提琴家帕尼·奥别多菲尔和著名作曲家保罗·杜卡。1931年考入巴黎音乐院，在肖拉·康托鲁姆作曲班学习。留法期间，创作了《风》、《游子吟》、《d小调小提琴奏鸣曲》等10余首作品。1935年回国后，积极参加抗日救亡运动，创作了大量战斗性的群众歌曲，并为进步影片《壮志凌云》、《青年进行曲》，话剧《复活》、《大雷雨》等谱写音乐。1935年至1938年间，创作了《救国军歌》、《只怕不抵抗》、《游击军歌》、《路是我们开》、《茫茫的西伯利亚》、《祖国的孩子们》、《到敌人后方去》、《在太行山上》等各种类型的声乐作品。1938年任延安鲁迅艺术学院音乐系主任，并在"女大"兼课，教学之余，创作了不朽名作《黄河大合唱》和《生产大合唱》等作品。1940年去苏联学习、工作。1945年10月30日卒于莫斯科。

盘子与盘子的碰击声和水龙头的放水声交响在一起，一个年轻的中国人正在水池旁洗着盘子。洗完一摞又一摞，小伙子满头大汗，腰都直不起来了，却顾不上擦一把。

这位在巴黎街头餐馆干杂活的中国人名叫冼星海。1929年，年仅25岁的冼星海因不满当时的黑暗社会参加了学潮，被学校开除。后来，他在朋友们的帮助下，以做工顶船票，搭上一艘轮船，漂洋过海，来到法国首都巴黎学习音乐。

每天早晨，冼星海五点钟就要起来，洗盘子干杂活，有时还要端菜上饭，经常忙到深更半夜。

　　干完杂活，偶尔有些闲空，他就把厨房的门关起来，抓紧时间练习提琴。半夜回到住所，虽然又累又困，他还是抽出些时间来练琴或写曲子。有一天，他给顾客端菜上楼，由于缺少睡眠，一时竟头晕目眩，连走路都摇晃起来，一个不留神，脚一绊，便摔倒了，结果，冼星海遭到一顿辱骂之后，便被开除了。

　　就在如此的环境下，经过艰难的勤学苦练和打拼，冼星海终于成为我国著名的音乐家。

◎故事感悟

　　我们为冼星海在条件如此艰难的条件下仍旧抓紧时间勤学苦练的精神所而感动，在当代条件如此优越的环境下，我们还有什么理由不去抓紧一点一滴去学习呢？

◎史海撷英

《黄河大合唱》

　　1938年11月武汉沦陷后，著名诗人光未然带领抗敌演剧三队，从陕西宜川县的壶口附近东渡黄河，转入吕梁山抗日根据地。途中他目睹了黄河船夫们与狂风恶浪搏斗的情景，聆听了高亢、悠扬的船工号子。在次年1月抵达延安后，光未然写出了《黄河》词作，并在这年的除夕联欢会上朗诵了这部诗篇。冼星海听后非常兴奋，表示要为演剧队创作《黄河大合唱》。在延安一座简陋的土窑里，冼星海抱病连续写作6天，完成了这部具有历史意义的大型声乐作品《黄河大合唱》。之后，在延安陕北公学大礼堂首演，引起巨大反响，很快传遍整个中国。

　　《黄河大合唱》为我国现代大型声乐创作提供了光辉的典范。在20世纪60年代后期，还被改编为钢琴协奏曲。

　　《黄河颂》是抗日战争时期著名交响乐《黄河大合唱》中一首独唱歌曲的歌词，作者的创作意图是希望在抗日战争时期激发起人民对中华民族的热爱和誓死

保卫家园的民族意识。虽然其创作年代已与我们相去甚远，但那奔放、豪迈、铿锵有力的诗句和强烈的情感，至今读起来仍然能引起我们的共鸣，唤起我们作为中华民族炎黄子孙的自豪感，写出了华夏民族的心声！

◎文苑拾萃

黄河大合唱之黄河颂

（近代）冼星海

（朗诵词）

啊！朋友！黄河以它英雄的气魄，出现在亚洲的原野，它象证着我们民族的精神：伟大而又坚强！这里，我们向着黄河，唱出我们的赞歌。

（歌词）

我站在高山之巅，望黄河滚滚奔向东南。惊涛澎湃，掀起万丈狂澜；浊流婉转，结成九曲连环；从昆仑山下，奔向黄海之边；把中原大地劈成南北两面。啊，黄河！你是中华民族的摇篮！五千年的古国文化，从你这发源；多少英雄的故事，在你的身边扮演！啊，黄河！你是伟大坚强，像一个巨人出现在亚洲平原之上，用你那英雄的体魄筑成我们民族的屏障。啊，黄河！你一泻万丈，浩浩荡荡，向南北两岸伸出千万条铁的臂膀。我们民族的伟大精神，将要在你的哺育下发扬滋长！我们祖国的英雄儿女，将要学习你的榜样，像你一样的伟大坚强！像你一样的伟大坚强！

抱病惜时求学问

◎少壮不努力，老大徒伤悲。——《长歌行》

高士其（1905—1988年），1925年毕业于清华大学，1927年获美国芝加哥大学化学学士学位，1930年又毕业于美国芝加哥大学医学研究院。1931年回国历任中央医院检验科主任，桂林盟军服务处技术顾问、食品研究所所长，《自然科学》副主编，一级研究员。全国第一、二、三、四、五届人大代表，中国科协顾问、常委，中国科普创作家协会名誉会长，全国文联委员，中国作家协会理事，中国人民保护儿童全国委员会委员。1934年开始发表作品。1952年加入中国作家协会。

高士其4岁的时候，祖父就教他识字。祖父拿出《千字文》等儿童启蒙书，把着他的手，一个字一个字地教他。由于高士其从小就受到严格的教育，以后逐渐养成了一丝不苟的良好作风。

1918年，高士其考取了清华留美预备学校。13岁的高士其，怀着强烈的求知欲，跋涉1000多千米来到北京。这千里之行，使高士其看到了旧中国的现实：贫穷、落后、多灾、多难……高士其心里想：赶快到美国学会新科学，用新科学来拯救苦难的祖国和处在水深火热中的人民。

一进学校，高士其便天天处于紧张的学习之中。1925年，高士其终于毕业了。毕业时，高士其的学习成绩在全班名列前茅。他最喜欢化学，抱着"化学救国"的愿望，被保送到美国威斯康星大学化学系学习。

高士其在威斯康星大学学习了一年，成绩超卓，于1926年夏转入芝加哥大学化学系四年学习。

1927年暑假以后，高士其成为芝加哥大学医学研究院的研究生，读医学博士的功课。第二年，他被芝加哥大学聘请为细菌学系试验室助理。起初，高士其研究的课题是"食物毒细菌"。高士其对于科学富有献身精神，他为了研究食物毒细菌对人体究竟是怎样危害的，竟然亲自吞食了一种"B．Aertrycke"的病菌菌液。吞食以后，他做了仔细的记录。他的老师和同学都为他担心，同时又被他为科学而献身的精神所感动。

1928年暑假后，高士其回到芝加哥大学医学研究院，开始研究脑炎病毒。一天，高士其在实验室打破了一只装有甲型脑炎病毒的瓶子，解剖患有甲型脑炎的豚鼠时，又不慎割破了手指，甲型脑炎病毒钻进了高士其的身体。

一天晚上，高士基正在图书馆里看书，忽然眼睛不听使唤了。他以为是眼病，到眼科大夫那儿去检查，查不出病因来。后来，不仅眼病经常发作，而且每到下午便昏昏欲睡，他的左耳也变得听不清声音，有点聋了；脖子有点发硬，转头也很困难；就连手也有点发抖，脚也不大灵便了。他赶紧到校医院检查，一位神经科大夫经过诊断，认定他确实得了脑炎。他给高士其开了一张病情报告单，劝他马上停学，回国休养。

然而，高士其对困难的回答是战斗，对战斗的回答是胜利。他以惊人的毅力继续学习。

1930年，高士其终于在芝加哥大学医学研究院读完全部医学博士课程，回到了阔别5年的祖国。

高士其来到了北京，来到了母校——清华园。老师和同学看到高士其学成归国，都感到高兴。可是一看他病成这个样子，又都感到惋惜。有一位老同学劝高士其还是到美国养病为好，在国内那样落后的医疗条件下，是医不好病的。但高士其已把自己的病置之度外，祖国在病中，人民在病中，高士其此时所想的，是急于把自己学到的一点知识贡献给祖国、贡献给人民。

高士其在南京中央医院找到一份工作。高士其看不惯这班"商人加官僚"式的医生，看不惯"商店加衙门"式的医院，与之格格不入，便愤然辞职。高士其失业了。这时，曾在美国结为至交的李公朴伸出了热情的手。他邀高士其到家里休养，并请高士其翻译一些文章，编点儿童读物。

1935年，高士其在李公朴创办的"读书生活社"认识了艾思奇。艾思奇借给他《共产党宣言》及其他一些进步书籍。在进步力量的影响下，高士其不仅明白了一些革命道理，而且找到了科学小品文作为他沟通人民与科学及与反动派斗争的武器。尽管他身患重病，握笔困难，但仍决心拿起笔来战斗。应李公朴与艾思奇之约，他开始为《读书生活》写科学小品文，由《细菌的衣食住行》、《我们的抗敌英雄》到《虎烈拉》，高士其把政治、文学、科学熔于一炉，写出了别具一格的科学小品文。

在短短两年多时间里，他写了近百篇科学小品，出版了4本科学小品集。高士其以惊人的毅力，在科学文艺土地上吃力地耕耘着，最终培育出鲜艳的花朵。

1937年8月，高士其踏上了奔向延安的旅途。经过3个多月的跋涉，他终于来到日夜向往的延安。

在延安，党的关怀温暖着高士其的心。尤其是受到毛主席接见以后，他的心情分外激动。他决心发奋工作，为革命献出自己的一切力量。

解放了，高士其以更顽强的毅力坚持创作，从1949年到1965年中，共创作了大约60多万字的科学小品和科普论文以及2000多行诗。17年中，他著述了《生命的起源》、《自然科学通俗化问题》等十几本书。

◎故事感悟

高士其同志病魔缠身，讲话困难，行动不便，然而他却以超人的精力，把全部生命献给了科普事业，成为困境中惜时勤奋的楷模。

◎史海撷英

高士其的愤慨

1930年，高士其特意从纽约乘上一艘德国邮轮，绕道欧亚十几个国家回国。一路上的所见所闻，使他的眼界大为开阔，同时也更深刻地体验到祖国与发达国

家的差距，以及他们那一代学人的历史使命。

回国后，他的家人、亲友和同学、老师都劝他先把病治好再工作，他却因目睹各地疫病流行，甚为猖獗，每天都要残杀数以百计的人，表示："我怎能袖手旁观，独自养病？"不久，高士其就在一位留美同学的关照下，应聘到南京中央医院工作，担任检验科主任。旧社会的医院是"商店加衙门"式的官商机构，正像一首民谣所说的："医院大门八字开，有病没钱莫进来！"高士其目睹旧医院的腐败黑暗，连买一台能用的显微镜都不给解决，就愤然辞职了。

◎文苑拾萃

高士其故居

高士其故居位于福州市鳌峰坊东口南侧，背靠于山，为明代迟清亭旧址。始建于明代，坐南向北，四面风火墙，前后五进，面积2500多平方米。门头六扇大门，入门两房一厅。入石框大门为首进，穿斗式木构架，硬山屋顶。三面环廊，大厅三开间，中为厅，两旁有前后厢房，左厢房为其父高赞鼎、母何吟阁住房。二三进同样是三开间，有插屏门隔成前后厅，厅两侧为前后厢房，前后厅都有天井，前天井两侧有披榭。四进也是三开间，双层楼房，楼上供佛。五进为倒朝三间排，已圮。每进都有小门通向东侧围墙外花厅。花厅原有四进，除第一进为三开间住房外，二、三、四进为假山、鱼池、花树阁楼，迟清亭即建在此。清道光后，多被改为住房。民国初期，高赞鼎在二进鱼池东侧建一幢双层小楼，是高士其青少年时期住房。1991年市人民政府挂牌保护，后又公布为区级文物保护单位。

狱中惜时求学

◎少年易学老难成，一寸光阴不可轻。——朱熹

> 薛暮桥（1904—2005年），原名雨林。江苏无锡人。1927年加入中国共产党。1938年至1942年在新四军工作，任新四军教导总队训练处副处长，写了通俗著作《政治经济学》教科书，成为培训新四军干部的教材。中华人民共和国成立后，任政务院财经委员会秘书长兼私营企业局局长、国家统计局局长、国家计委副主任、全国物价委员会主任、国务院经济研究中心总干事。1955年当选为中国科学院哲学社会科学学部委员。

　　薛暮桥是我国著名的经济学家。他在理论经济学方面的知识，在世界上也具有权威性。1979年，薛老赴美考察，美国的许多著名教授都纷纷移尊就教。薛老引经据典，侃侃而谈。教授们都被他的渊博知识、深刻见解，还有他那一口流利的英语所倾倒。他们认为，薛老如不是英国的"牛津"、德国的"汉堡"大学毕业生，也定是中国的"清华"、"北大"等名牌大学的毕业生。因而，当他们听到薛老十分自豪地说自己只是"牢监大学"的毕业生时，不禁瞠目咋舌，感到不可思议。

　　然而，这都是事实。薛老虽做过大学教授，自己却从来没读过大学，他的知识大都是在牢监中学到的，包括最深奥的哲学和政治经济学。

　　薛老是江苏无锡人。1926年，20岁的薛暮桥已是杭州笕桥车站的年轻站长，同时又是我党身负重任的年轻革命者。在震惊中外的"四·一二"反革命政变后不久，薛暮桥等同志在开会时，由于奸细告密，在杭州被国民党反

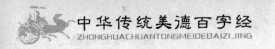
动派逮捕入狱。

当时白色恐怖最为猖獗，入狱当晚反动派就从狱中一下子提出8个共产党人枪毙了。薛暮桥和当时许多革命者一样，唯一的念头就是准备慷慨就义，高呼"共产党万岁"为革命捐躯。

与此同时，他们牢中有一个人却居危若安，每天总是在狱中那昏暗的光线下孜孜不倦地潜心读书、学习。边读书边用指甲在字行中划道道，作圈点，好像这不是敌人监狱，而是他家的书斋。他就是我党早期赫赫有名的革命家张秋人同志。

有一天，他读书完了，把书往铺上一掷，说："敌人还想玩什么花样，怎么还不枪毙我？"薛暮桥惊奇了，说："你既然准备死，为什么还天天读书学习呢？"

"共产党人活着一天，就要为党工作一天。"张秋人诚恳地说，"在外面是天天闹革命，在牢里不能闹革命了，就要天天学习，哪天死哪天才算学完！"

他这种高瞻远瞩的见解如电闪雷鸣，顿时使薛暮桥豁然开朗。是啊，列宁说过：监狱是革命者的锻炼所，而不是格斗场。我们共产党人就得生命不息，学习不止，这样我党的素质才会不断提高。薛暮桥决心向革命前辈学习，为出狱后的革命斗争做准备。此后，他白天向张秋人学习，晚上听张秋人给他们上课。

然而，这种时间不长，头一天张秋人还给他们讲"二·七"的历史，第二天却被敌人拉出去枪毙了。张秋人虽然壮烈牺牲了，但他的高大形象常在薛暮桥眼前浮现，他的谆谆教诲也时常在耳畔回响："共产党人活着一天，就要为党工作一天，要天天学习，哪天死哪天才算学完！"薛暮桥愈加坚定了学习的信念。

反动派见对共产党来硬的不行，就来软的，他们把薛暮桥等一大批人转押到"反省院"，妄图用教唱《小尼姑思凡》《西宫怨》等颓唐歌曲"陶冶"这些"赤色分子"；又妄图用佛经一类书来麻醉瓦解这些政治犯的思想武装；并又用"三民主义"等书来给"反省人"洗脑筋。

愚蠢的敌人却给了革命者合法斗争的武器，他们自己并不看"三民主义"，而薛暮桥却研究起这本书来。

　　薛暮桥尽量利用敌人的愚蠢进行合法的学习。例如，他们利用合法的途径买"不合法"的书。有时敌人突然来"抄笼子"，他们就用油纸把书包起来放进马桶里，使一些来之不易的珍贵的书一次又一次转危为安。

　　当时学习最难解决的是笔墨纸张，可这也没难倒他们。在狱中，写信要在指定的时间到指定的地点去写。他们在写完信时，趁看守不注意把墨咬一口含在嘴里，然后赶紧回笼子把墨吐在早已准备好的针药小瓶子里，再加上水调匀，就成了墨水。至于笔，把扫帚柄的芦苇竿子削尖就可以代用。有了笔墨，纸张就容易了，包药的纸、佛经书的反面都可以大写特写。为了节省纸墨，大家还练了一手能把字写得很细很小的本领。

　　薛暮桥和难友们用这些简陋的书写工具甚至还办起了秘密刊物——《火星》，这个是给政治犯看的，经常刊登些学习心得或者由外面带进来的党的文件摘要；一个叫《洋铁碗》，是给普通群众看的，主要登教育群众的短文。稿件是先由投稿者写在包药片的纸上，然后由"编辑"们抄写在佛经的背后，最后大家传阅。后来为安全起见，又办起了"盆报"，即把稿件内容写在白脸盆上。大家传阅，如遇敌人突然来抄笼子，就用湿布把字一揩了之。

　　为了掌握更多的知识同敌人周旋，薛暮桥又和同志们起劲学起外语来。因为那些不学无术的狱卒是不懂外语的，外语的理论书就可以公开拿进来学习。他们组织了一个世界语小组，薛暮桥是组长。他们与上海世界语函授学校挂上了钩，这个学校定期寄给他们讲义，每周都有练习题，大家都认真做作业，最后集中到薛暮桥那里，由他选择、修改成一份答案寄给上海的世界语函授学校。薛暮桥的世界语进步很快，在函授学校毕业考试时，寄去的毕业论文《牢狱中的一天》受到函授学校的好评，并被刊在世界语学会的《绿光》杂志上发表。学好了世界语后，薛暮桥又自学起英语来。由于掌握了外文，薛暮桥趁机大量地学习起马列主义书籍、经济理论和其他各种书籍。他一头钻进书堆里，把牢监变成了自修大学。

　　三年后，薛暮桥出狱。他辗转各地寻找党组织，并开始把牢监学到的知识应用到实践：参加"中国农村经济研究学会"工作，主编《中国农村》杂

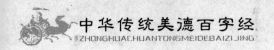

志，并在广西专科师范任教授。尔后，又到新四军任教导队训练处处长，一直从事经济理论的教学研究工作。

◎故事感悟

今天，这个昔日铁窗苦读的囚徒已成为了世界瞩目的中国经济学界的权威学者。我们在佩服薛暮桥的那种顽强毅力和惜时的学习态度同时，也要以他为榜样去珍惜时间、勤奋刻苦地学习！

◎史海撷英

抗战初期薛暮桥提出经济观点

抗战初期，薛暮桥提出了自己独特的观点：货币的价值决定于货币发行数量，而不取决于它所包含的黄金价值。出狱后不久，薛暮桥幸运地遇到了经济学的启蒙老师陈翰笙。陈翰笙反对引经据典，反对不做调查研究、空谈理论，注重田野调查。经过一个月的调查后，薛暮桥发表了第一篇经济学调查报告——《江南农村衰落的一个缩影》。文章以家乡礼社镇的薛姓家族经济状况变迁为主线、揭示农村封建经济破产的必然。不久，该文被翻译到日本。抗战前夕，薛暮桥担任《中国农村》首任主编，刊登大量调查报告及论文，批评农村改良主义，论证变革土地制度的必要性。